Dicas da Dedessa

ANDRESSA GANACIN

Dicas da Dedessa

Segredos de beleza para dar um *up* na sua autoestima

Benvirá

ISBN 978-85-5717-192-3

SOMOS EDUCAÇÃO | Benvirá

Av. das Nações Unidas, 7221, 1º Andar, Setor B
Pinheiros – São Paulo – SP – CEP: 05425-902

SAC | **0800-0117875**
De 2ª a 6ª, das 8h às 18h
www.editorasaraiva.com.br/contato

Presidente	Eduardo Mufarej
Vice-presidente	Claudio Lensing
Diretora editorial	Flávia Alves Bravin
Editoras	Débora Guterman
	Paula Carvalho
	Tatiana Allegro
Editora de arte	Deborah Mattos
Suporte editorial	Juliana Bojczuk

Preparação	Luiza Del Monaco
Revisão	Vivian Miwa Matsushita
Diagramação e projeto gráfico	Caio Cardoso
Capa	Caio Cardoso
Fotografias de capa e da Parte 2	Gui Gomes
Impressão e acabamento	Bartira

DADOS INTERNACIONAIS DE CATALOGAÇÃO NA PUBLICAÇÃO (CIP)
ANGÉLICA ILACQUA CRB-8/7057

Ganacin, Andressa
  Dicas da Dedessa : segredos de beleza para dar um *up* na sua autoestima / Andressa Ganacin. – São Paulo : Benvirá, 2017.
  112 p. : il., color.

ISBN 978-85-5717-192-3

1. Cuidados com a beleza 2. Ganacin, Andressa, 1989 – Biografia 3. Autoestima 4. Cosméticos 5. Vlogs (Internet) I. Título

	CDD 646.72
17-1566	CDU 646.7

Índices para catálogo sistemático:
1. Cuidados com a beleza

Copyright © Andressa Ganacin, 2017

Todos os direitos reservados à Benvirá,
um selo da Saraiva Educação.
www.benvira.com.br

1ª edição, 2017

Nenhuma parte desta publicação poderá ser reproduzida por qualquer meio ou forma sem a prévia autorização da Saraiva Educação. A violação dos direitos autorais é crime estabelecido na lei nº 9.610/98 e punido pelo artigo 184 do Código Penal.

EDITAR	15807	CL	670475	CAE	623809

AGRADECIMENTO ESPECIAL

Agradeço a todos que considero meus anjos aqui na Terra... Meu amor, Nasser, que é meu porto seguro! Minha família, a base de tudo! Meus amigos verdadeiros (poucos e bons) que jamais deixaram minha peteca cair e sempre estiveram do meu lado em todas as situações.

Minha gratidão eterna a toda a família Nadessa e a todo o Bonde da Dedessa, que sempre souberam entender, apoiar e encorajar minhas maluquices, sempre me dando muito amor e carinho. Eu amo vocês incondicionalmente!

Aaah... Agradeço também até a quem duvidou dos meus sonhos! Isso me inquietou... E, por mais que eu tenha demorado um tempo pra perceber, de alguma maneira vocês despertaram dentro de mim uma vontade e uma garra ainda maior de concretizá-los. Obrigada!

Sumário

Prefácio, 8

Parte 1
Basta acreditar... E sua vida pode ser incrível!, 11

Parte 2
Dicas da Dedessa, 43
(1) Como clarear manchas na pele, 46
(2) Pele maravilhosa em 10 minutos, 50
(3) Xô, espinhas!, 54
(4) Adeus, olheiras!, 58
(5) Como amenizar marcas de estrias, 62
(6) Como desinchar para o verão, 66
(7) Termogênico caseiro, 68
(8) Remédio para ansiedade e estresse, 70
(9) Lipo manual, 72
(10) Acabando com as manchas nas axilas, 78
(11) Cabelos de Rapunzel, 82
(12) Spa dos pés, 86
(13) Base bomba para unhas, 90
(14) Dicas íntimas para garotas, 92

Agora eu vou compartilhar com você
a maior dica da minha vida!, 99

Depoimentos de algumas seguidoras, 103

Prefácio

Quantas vezes você já teve a oportunidade de mudar a sua vida? Quantas vezes você se viu diante de uma chance única e teve a coragem de agarrá-la? Você pode pensar que essa não é uma tarefa fácil. Mas, quando escutamos histórias de vencedores e guerreiros que superaram muitos obstáculos, podemos mudar nosso parâmetro sobre a possibilidade de alcançar sonhos lutando por aquilo em que acreditamos.

Este livro traz uma dessas histórias, de uma moça que saiu do interior do Paraná munida de um desejo verdadeiro de conquistar o mundo. Claro que não podemos relevar o fato de ela ser linda em sua aparência – o que muitas vezes ajuda as pessoas na busca pela conquista de seus sonhos –, mas ela está aqui para nos mostrar que precisamos ser gratos, guerreiros e acreditar que a verdadeira beleza está em quem tem amor no coração.

Parece que estou fazendo uma propaganda exagerada a favor dela, não é? Mas basta você olhá-la em seus lindos olhos azuis – e receber um pouco do calor de suas palavras – que você saberá que ainda existem pessoas únicas e maravilhosas neste mundo.

A verdade é que ela agarrou com unhas e dentes a oportunidade que teve de mudar completamente de vida. E garanto que não veio pra brincar: viajou mais de mil quilômetros para participar de um dos programas com maior audiência na televisão brasileira, deu a cara a tapa independentemente de quem iria julgá-la, mudou-se para o Rio de Janeiro com um cara que conhecia havia apenas três meses, administrou um salão de beleza. Ufa! E não para por aí! Venceu todos os seus medos de morar sozinha, longe da família, conseguiu equilíbrio financeiro e, ainda por cima, criou um canal no YouTube que, mal sabia ela, viria a ter milhões de acessos e se tornaria uma das grandes conquistas de sua vida, ajudando tantas meninas e mulheres no Brasil a levantar a autoestima.

Todas essas vitórias a trouxeram até aqui, e ela então pôde criar um livro com todas as suas incríveis experiências pessoais e profissionais. Agora, além de você poder acompanhar seus vídeos na internet – onde ela tem um grupo de seguidoras (o "Bonde da Dedessa") que a admira por sua personalidade e carisma –, com este livro você vai poder sentir e viver mais de pertinho a história dessa "garota prodígio" – e, de lambuja, ainda vai ter acesso a dicas exclusivas, que ela não contou em nenhum outro lugar!

Sou suspeito pra falar dela... Afinal de contas, trata-se da pessoa que mais admiro neste mundo! Mas, acredite, em poucas páginas você também vai se apaixonar pela Dedessa, assim como todos que a conhecem, e com certeza a história dela vai fazer você acreditar que todos os sonhos são possíveis de alcançar.

– Nasser Rodrigues,
namorido

PARTE 1

Basta acreditar...
E sua vida pode ser incrível!

"Para uma linda árvore de flores existir, primeiro um estrume precisou servir de adubo para ela brotar."

Sinceramente, se me perguntassem qual frase resumiria minha vida, não titubearia em dizer o ditado ao lado. Acho uma das coisas mais incríveis essa minha mania de me manter positiva mesmo diante das situações mais desastrosas. Sim... minha vida é a soma de todos os fatores de um ser humano que nasceu com tudo para dar errado mais o dom de acreditar! E é claro que o resultado dessa conta não poderia ser diferente: eu vi os milagres mais surreais acontecerem comigo, bem diante dos meus olhos.

Alguns dizem que tive sorte, outros que sou um pouco louca, mas eu insisto em dizer que o que eu tenho é FÉ! Aqui vai o resumo mais breve possível da minha vida, para você começar a entender.

Nasci em Curitiba, no ano de 1989, e meus pais se separaram quando eu ainda era criança. Então, minha mãe e eu fomos morar com minha avó, em Ponta Grossa, até minha mãe se casar novamente, quando eu tinha 7 anos. Algum tempo depois, mudamos novamente de cidade, dessa vez para Cianorte, no interior do Paraná. Foi lá que passei a maior parte da minha vida, até os 23 anos.

Você deve estar pensando: *Tá bom, Dedessa... Mas o que essa história tem de interessante? Até agora não vi nada de mais!*

Você deve conhecer pessoas que se olham no espelho e dizem: "Como eu me amo!"; "Como eu amo a minha vida!"; "Como eu me amo do jeito que sou!"; " Minha autoestima é altíssima!", não é? Bom, mas esse não é o meu caso... Provavelmente você está lendo a história de uma das pessoas com a autoestima mais baixa que já conheceu, devido a todos os pequenos detalhes que eu não contei no resumão ali de cima.

A verdade é que minha família passou por muitos altos e baixos, financeiramente falando, e grande parte desses "baixos" aconteceu durante minha infância, quando ainda morávamos em Ponta Grossa.

Como não tínhamos muito dinheiro, todo final de ano minhas tias faziam um sacolão de roupas de suas filhas maiores e doavam pra gente. Nooooossa, era fantástico! Eu amava usar aqueles vestidos lindos que tinham sido das minhas primas. Cresci bons anos com esses presentes, mas infelizmente não convivia muito com essas tias, pois elas moravam longe de nós, em Cianorte. Até que, depois de alguns anos, nós nos mudamos para lá também, para perto da família, como já comentei. Aos 10 anos, achava que a mudança seria a realização de um sonho, mas confesso que a maioria dos meus terrores psicológicos começou a partir daí. Minhas primas eram estonteantemente lindas, e claro que em toda reunião de família elas eram superelogiadas, e todos os meus parentes tinham o maior carinho e admiração por elas. "Ela é loira, de cabelos lisos e compridos, parece uma princesa da Disney!" "Ela é alta, magra, mulher bonita tem que ser assim, com corpo de modelo." "Nossa, Andressa, suas pernas não são como as das suas primas, são muito grossas!" "Andressa, você só tem o olho bonito, não é alta como suas primas."

"Andressa, você não leva jeito pra ser modelo..." "Andressa, você tem que se conformar, seu corpo é mesmo de gordinha!"

Eu cresci ouvindo isso e fiquei anos complexada. Deus que me perdoe ter que pôr biquíni para ir à praia ou a qualquer piscina naquela época! Tinha vergonha do meu corpo, não me aceitava, usava roupas que me cobriam para não me expor e achava que nenhum menino da escola olhava pra mim. Vejam só o poder que as

Eu, aos 12 anos, me escondendo atrás das camisetas largas

palavras têm sobre a gente, não é mesmo? Então segui minha vidinha acreditando em tudo o que escutei a infância inteira, acreditando que o padrão de beleza ideal era o das minhas primas, esquecendo que, na realidade, o padrão é a gente se sentir bem com a gente mesmo.

Minha válvula de escape eram as brincadeiras com as amigas. Eu AMAVA brincar de salão de beleza, colocava todas elas em ordem, coitadas! Hahaha! Fazia escova no cabelo delas, altos penteados, maquiava todas com os produtos da minha vó, roubava os esmaltes da minha mãe e todas saíam impecáveis lá de casa. Todas elas amavam, e assim eram nossas tardes. Inconscientemente eu me realizava nelas, mesmo sem me dar conta disso. Parece que, quando elas se olhavam no espelho e se sentiam lindas, eu experimentava também um pouquinho daquela sensação.

Férias de 2003 em Ponta Grossa

Mais alguns anos se passaram e virei mocinha, aos 14 anos. Aiiii, que horror que era começar a menstruar! Fora que nessa época eu passei a detestar meu corpo mais do que nunca, principalmente por causa dos comentários cada vez mais frequentes nas reuniões de família. Era aquela fase de transição, em que não somos nem criança nem mulher: os seios cresciam (na real os meus quase não cresceram kkk... Tive que optar por *air bags* de silicone anos mais tarde), o quadril aumentava, as pernas que já eram grossinhas ficaram ainda mais evidentes, e eu me escondia atrás do cabelo comprido e das roupas largas.

BASTA ACREDITAR... E SUA VIDA PODE SER INCRÍVEL! **15**

A sensação era de que minha mãe tinha me adotado de uma família de gremlins!

Ensino fundamental... Ensino médio... OMG! De repente, eu tinha que decidir o que eu queria ser quando crescesse. E me diz: quem sabe ao certo o que quer ser para a vida toda aos 17 anos? Advogada? Não, eu ia acabar chorando com os problemas do meu cliente já na primeira audiência. Médica? De jeito nenhum... No primeiro corte que eu visse, *pá*, cairia dura no chão. Fisioterapeuta? Hummm, interessante... Pode ser legal a parte de reabilitação na fisioterapia. Olha, um curso de especialização em estética! Mas não dava... A mensalidade era muito cara, e a faculdade pública mais próxima era a 400 quilômetros de casa. E eu não tinha a menor condição de mudar de cidade naquele momento. Mas espera aí... Estética e Cosmetologia??? Eu nem sabia que essa faculdade existia! E estava a 78 quilômetros da minha cidade??? Percebi então que as mensalidades não eram tão altas e, se apertasse um pouquinho, eu conseguiria pagar. Pronto! Escolhi o que eu queria fazer para minha vida! Daria para ir e voltar de ônibus todos os dias e... Pronto! Era isso!

Passei no vestibular e em 2007 comecei um novo ciclo. Trabalhava o dia todo no meu primeiro emprego, num banco de Cianorte (usava aqueles coletinhos amarelo-pikachu de "Posso te ajudar?" – eu sei, breguíssimos, kkk) e viajava todas as noites de ônibus para Umuarama, onde ficava a faculdade. Eram 78 quilômetros para ir e 78 quilômetros para voltar, de segunda a sexta-feira. No final do dia, o cansaço era grande, mas eu juro para você: a sensação era maravilhosa! Eu estava amando tudo aquilo. Eu sugava o máximo que podia de

Meu "Espaço de Beleza Andressa Ganacin" ♡

todas as disciplinas. Comecei a conhecer mais o corpo humano, o funcionamento de cada cantinho do nosso organismo, o sistema de cada aparelho de estética, a composição dos produtos e a reação que eles provocavam em cada tipo de pele. Claro que sendo eu uma pessoa metida a dona de salão desde pequena, troquei as amiguinhas de infância e comecei a azucrinar minha mãe, Rosângela, minha irmã, Suellen, e minha avó, Marly, aplicando nelas todas as técnicas que eu aprendia nas aulas.

"Mããããe... tenho um trabalho da faculdade sobre *peeling*, tenho que aplicar em alguém. Posso fazer na senhora?" Tudo mentira... eu queria mesmo era testar o efeito! Se ela soubesse que seria mais uma de minhas cobaias, jamais iria deixar, kkk! E é claro que eu amava quando minha mãe se olhava no espelho e dizia: "Nossa, filha, a mancha tá sumindo mesmo!". Pronto, o bichinho da estética tinha me picado, e eu não queria outra coisa na vida além da sensação de levantar a autoestima das pessoas. Já que a minha não era das melhores, por que não ajudar os outros?

No segundo ano da faculdade, comecei a conhecer mais sobre aqueles aparelhos fenomenais que reduzem medidas, celulites, rugas, manchas... Eita, como são caros! Logo caiu a ficha de que eu não teria condição nenhuma de montar uma clínica para mim, e o mercado também era bem difícil. Na cidade onde eu morava, não existiam muitas clínicas, então seria quase impossível eu arrumar emprego na minha área. Será que essa coisa de estudar estética era mesmo pra mim? Eu estava só no segundo ano da faculdade... Como ainda tinha um tempo pela frente, decidi me virar como eu podia.

Montei um espaço em um quartinho da minha casa (no início, tinha só uma cadeira e uma bancadinha de apoio) e comecei a divulgar no

Facebook que estava fazendo maquiagens aos finais de semana. Se minhas amigas amavam as *makes* que eu fazia nelas para as baladas e eventos, era IMPOSSÍVEL que ninguém quisesse agendar uma *makezinha* comigo. E, siiim, consegui minha primeira cliente! Foi a única daquele dia, kkk, mas já era alguma coisa. No final de semana seguinte, duas pessoas marcaram horário, por indicação daquela primeira cliente, e para o próximo já tinha mais três agendadas. Quando me dei conta, alguns meses depois, minha agenda estava lotada. Eu já estava ganhando mais dinheiro só aos finais de semana do que no meu trabalho fixo. Nessa época, eu já não trabalhava mais no banco com o coletinho amarelo-pikachu (graças a Deus!), mas tinha arrumado emprego em um shopping atacadista e precisava ficar puxando clientes para dentro das lojas, das seis da manhã até as cinco da tarde. "Bom dia, senhora! Vamos entrar e dar uma olhadinha na nova coleção?!" Eu ganhava um salário mínimo, mais uma comissão sobre a venda total no final do mês (que não era muito significativa). Foi então que decidi sair do emprego fixo e investir no meu espacinho em casa, conciliando a minha agenda de *makes* com a faculdade.

Em um final de semana de trabalho, uma das minhas clientes, que fazia trabalhos culturais na minha cidade, me perguntou se eu já tinha escutado falar de um concurso de beleza bem badalado no estado. Claaaaaro que sim, era um concurso superconhecido. E ela me questionou: "Por que você não participa?". Óbvio que eu retruquei: "Tá louca, miga?". Ela então me disse: "Olha, Dessa, tu é linda, precisamos de uma candidata de Cianorte, e posso tentar conseguir o aluguel do vestido, a inscrição e a passagem de ônibus para você ir até Curitiba participar e nos representar!". Aquilo só podia ser piada comigo, né?! Foi então que ela disse a frase mágica: "Tem premiação em dinheiro para as três primeiras colocadas! Vai, Dessa, não custa nada tentar!".

A proposta era realmente tentadora, imagina! Se eu ganhasse qualquer uma das colocações, poderia comprar meu primeiro aparelho de estética. Aquela era uma megachance. E eu acabei topando.

Mas dois dias depois me bateu o arrependimento. Todos aqueles ecos que me assombraram a vida toda começaram a me importunar: "Suas pernas são gordinhas", "Você não leva jeito pra isso", "Pra ser bonita tem que ser supermagra, loira e alta". Mas a essa altura não dava mais para desistir, a inscrição já estava feita. Bem, sendo um fiasco ou não, fui para Curitiba participar. Levei só minha família e três amigos, e é claro que não contei para mais ninguém – imagina o blá-blá-blá na cidade e as pessoas rindo da minha cara por prestar esse papelão.

Lembro como se fosse hoje a hora que anunciaram minha entrada na passarela. Meu coração parecia bateria de escola de samba, e se eu pudesse me enfiaria num buraco qualquer de tanta vergonha, mas ergui a cabeça, fingi que estava acostumada com tudo aquilo, fiz a egípcia e entrei na passarela, sorriso congelado, sem ter a menor ideia de como agir. Tinha feito uma pesquisa rápida no Google ("como uma miss desfila"), mas só havia encontrado umas videocassetadas. Eu não tinha base nenhuma; meu medo era tropeçar, cair, sapato sair do pé, pisar no vestido, as coisas todas que eu vi naqueles vídeos. Quando olhei para a minha família na plateia, minha mãe estava com cara de piedade para mim (kkk). Sabe aquele olhar de mãe que fala mais que mil palavras? "Judiação da minha filha, o que ela está fazendo ali?" Mas ela continuou aplaudindo, para não me deixar constrangida. Claro! Havia candidatas estonteantes, lindas, loiras, altas, e o que era a Dedessa das pernas gordinhas no meio de todas elas?

As etapas foram passando, algumas participantes foram sendo eliminadas, e eu continuei ali, até chegar à etapa das perguntas. (Você já assistiu a algum concurso de beleza? Quase no final, fazem umas perguntas sem pé nem cabeça para as candidatas, só para que elas fiquem se borrando, kkk. Se não assistiu, assista! É hilário!) Bom, na minha vez, perguntaram qual era o meu maior objetivo de vida, e, ao invés de dizer algo como "a paz mundial", eu disse que era fazer com que as pessoas ao meu redor compreendessem que o amor é a base de tudo, da felicidade, da paz, do respeito; que meu objetivo de vida era mostrar que com o amor poderíamos sempre ir mais longe e conquistar aquilo que os outros acham impossível. Ah, moleque! Eu estava inspirada naquele dia, kkk. Se, para mim, minhas qualidades físicas não eram tão boas quanto as das outras candidatas, pelo menos na lábia eu me garantia.

Garota Sensação do Paraná

Foi então que anunciaram as três finalistas, mas sem dizer a colocação, e espantosamente eu estava entre elas! OMG! Claro que logo de cara achei que o terceiro lugar era o meu, então o locutor começou a dizer as classificações. Nãããããoo! O terceiro lugar não era meu, mas é claro então que eu ficaria em segundo, imagina... O pessoal de Cianorte iria pirar quando soubesse que fiquei em segundo. Depois de uns cinco minutos de enrolação e suspense, o locutor disse: "A ganhadora do concurso é... Andressa Ganacin!".

Minha Nossa Senhora! Fui eu?!!!

A partir daquele dia, descobri que, embora ainda tivesse medo de muita coisa, eu guardava dentro de mim uma pontinha de coragem para correr atrás dos meus objetivos. Ganhar aquele concurso aos 19 anos foi um impulso para minha vida. Dali para a frente, ganhei doze títulos em concursos de beleza, entre eles o Garota Sensação do Paraná e o Miss Glamour Brasil. E por que eu participei de tantos concursos? Não vou negar que para o ego foi ótimo, mas meu maior objetivo com isso tudo era montar minha clínica com o dinheiro dos prêmios. E foi

Miss Glamour Brasil

assim que eu consegui comprar os aparelhos e começar a me realizar na minha profissão.

Ah, você deve estar curioso para saber o que minhas tias acharam, né? Kkk! Algumas gostaram, outras ficaram indiferentes, mas acredita que uma olhou para mim e disse: "Você ainda não entendeu que esse não é o seu caminho? Para com essa história de concursos, menina, você devia focar nos estudos e casar". Pois é... Fui entender mais tarde que o mundo dá muitas voltas.

Já formada, aos 21 anos, consegui finalmente montar minha clínica com o dinheiro que tinha ganhado nos concursos de beleza. Comecei então uma pós-graduação em estética facial e corporal. Ah, como eu amava todas as aulas! Transferia tudo o que eu aprendia para cada cliente que passava por mim. Minha agenda com tratamentos já era mais lotada do que a agenda das maquiagens. Eu trabalhava de segunda a segunda – mas aquilo não era tudo o que eu sempre quis? Não era a vida pela qual eu havia batalhado? Não! Tinha alguma coisa errada ali... Aliás, estava tudo errado. Eu me afundava em trabalho para fugir de tudo que me oprimia.

Eu não conseguia ser EU!

Como assim, Dedessa?! Logo você, tão espontânea!

Eu tinha medo de falar com meu namorado na época sobre meus sonhos de ir estudar coisas novas fora do país, tinha medo de ir a uma festa e dançar como todas as meninas da minha idade dançavam, já que, como ele era muito controlador e ciumento, eu tinha receio do que ele iria pensar e sempre achava que aquilo acabaria em briga. Eu vivia com vergonha de usar as roupas que eu queria – aquelas que eu via as outras meninas usando e achava tão lindas –, e sempre tinha medo do que as pessoas e os amigos iriam dizer. Afinal, eu participava ativamente das atividades da igreja, e o que aquelas pessoas poderiam pensar de mim? Tinha pavor de expor minhas opiniões, porque não sabia qual seria o julgamento das outras pessoas. Além disso, minha família estava passando por perrengues com contas atrasadas, desemprego, nossa situação financeira não estava nada fácil... Enfim, minha vida era um INFERNO, e eu me sentia esgotada! Eu via todo mundo sendo feliz, menos eu. Via todo mundo se divertindo, menos eu. Via todo mundo vivendo, menos eu.

Meu refúgio foi buscar consolo em um grupo de oração. Já era minha rotina semanal participar dos eventos da igreja, mas confesso que quando participei desse grupo pela primeira vez eu estava no auge da minha angústia. Cheguei lá com o coração apertado, com vontade de chorar, e naquele "papo" intimista com Deus conversamos da maneira mais simples que eu já tinha conversado com Ele. "Não aguento mais, Pai! Por favor, mude minha vida!"

Naquela noite, Ele soprou no meu ouvido: "Ninguém vai ser feliz no seu lugar, felicidade é uma escolha sua. A decisão começa por você. Coragem!".

Então, algo mudou! Voltei para casa com o coração mais leve e esperançoso. Naquela noite, como de costume, eu e minha família estávamos assistindo à TV na sala quando, no comercial da novela, começou uma chamada para as inscrições em um reality show... Não sei dizer exatamente por quê, mas meu coração bateu mais forte com aquele comercial. Será que seria essa a minha salvação? Será que ali eu conseguiria ser eu mesma? Por um segundo pensei: de jeito nenhum, imagina! O que as pessoas diriam de mim? Só que Deus me disse para ter coragem, não é mesmo?! Logo cedo, no dia seguinte, fui correndo até o trabalho do meu amigo de infância, Elias, para perguntar a ele o que achava de eu me inscrever no reality. Ele era uma das únicas pessoas que acreditavam verdadeiramente em mim e já foi logo me incentivando. Lembro como se fosse hoje ele dizendo: "Negaaaa, manda o vídeo de inscrição que você vai entrar. Eu tenho CERTEZA!". Nosso único acordo era não contar para mais ninguém que eu iria me inscrever.

Parece um sonho meio bobo, né?! Fiz a inscrição em meados de junho de 2010, os meses iam passando, e o palhaço do meu amigo Elias me passava trotes de telefone semanalmente dizendo que era da produção do reality, só para me azucrinar. Mas sabe quando você acredita desacreditando? Eu estava assim...

Chegamos em novembro. O Elias não parava de me passar trotes e nada da produção do programa me ligar. Certo dia, eu estava voltando da casa dele para a minha, atravessando a rua, e meu telefone tocou. Era um número privado... Quem era? Óbvio que achei que fosse o Elias:

– Alô?

– Oi, é a Andressa? Aqui é da produção do *Big Brother Brasil*!

– Eliaaaaaas, vai caçar sapo!!!

E desliguei na hora.

Logo depois, o telefone voltou a tocar, só que dessa vez não era um número privado. Tinha o DDD 021. OMG! O DDD da minha cidade era 044, então não podia ser o Elias!

– Alô?

(Escutei risos do outro lado da linha.)

– Oi, Andressa, somos da produção do *Big Brother Brasil*. Estamos com todos os seus dados aqui, e ligamos para dizer que você foi uma das escolhidas para a próxima etapa da seleção, aqui no Rio de Janeiro!

Jesuuuuus... Eles me ligaram!!! Me escolheram para a próxima etapa!!! Fui correndo contar para o Elias e, logo em seguida, fomos para casa contar tudo para a minha família. Meu coração batia tão forte, era tanta emoção, que eu mal podia acreditar que aquilo estava acontecendo.

Mas e aí, Dedessa? Como você ia fazer? Ninguém sabia que você tinha se inscrito. E seu namorado? E seus outros amigos, o que iriam dizer? Foi um grande dilema, minha amiga... Eu juro que queria contar para todos eles, mas achei melhor preparar o terreno antes... Então, quando eu soltei: "Gente, o que vocês acham das pessoas que se inscrevem para o BBB?", sabem o que eu ouvi do meu namorado? "Eu, hein? Só tem puta naquele lugar." Depois disso, como eu iria dizer mais alguma coisa, com todo aquele meu medo de ser julgada?

No fim, acabei não contando nada para ninguém. Quer saber? Não estava nem aí, e comecei a me preocupar com a roupa que eu ia vestir no dia em que me apresentaria para a produção do programa e com a desculpa que eu daria para me ausentar durante uns dias (acabei dizendo pra todo mundo que eu estava indo a um congresso de estética em Curitiba). Ah, e tinha também o lance do avião, que me deixava supernervosa. Mas o que tem o avião, Dedessa? Pois é... eu nunca tinha andado de avião na vida!!!

Enfim chegou o dia, e eu me arrumei como se fosse participar de um concurso de miss. Imagina a cena: às três horas da manhã, no aeroporto de Maringá (o mais próximo da minha cidade), eu estava de salto, toda trabalhada nos cílios postiços e no cabelo enrolado com papel alumínio (sim, miga, eu enrolo meus cabelos desde sempre com papel alumínio), o que você acha que as pessoas pensavam quando olhavam pra mim? TRAVESTI! Com certeza. Entrei naquele avião enorme, sozinha, e do começo ao fim da viagem eu permaneci vomitando no banheiro! Olha que legal, a produção me pegou no aeroporto do Rio toda vomitada, kkk!

Fomos até o local da seleção, e, assim que entrei na sala e fiquei de frente para os diretores, a única coisa que consegui fazer foi dar um sorriso amarelo e mal responder às perguntas que eles me faziam. Eu tremia mais que vara verde. Acabada a seleção, retornei para Cianorte sem eles me dizerem absolutamente nada – e com a sensação de que eu tinha jogado fora a grande chance de mudar a minha vida. Óbvio que, umas semanas depois, quando anunciaram os participantes selecionados para o programa, eu me dei conta de que, de fato, eu tinha perdido minha grande chance.

Mais uma virada de ano, e minha vida continuava na mesma: mesmas opressões, mesmos problemas, mesmas angústias, e eu me afundando cada vez mais no trabalho. Sentia que já não tinha mais a quem recorrer, então continuava participando do grupo de oração da igreja, continuava entregando minha vida nas mãos de Deus. Dentro de mim, eu não perdia a fé de que, de uma maneira ou de outra, algum milagre iria acontecer e eu finalmente conseguiria me encontrar como pessoa. E tem coisa mais rica e reconfortante que a fé? Era isso o que eu sentia a cada vez que saía daquele grupo de oração. E eu não me permitia perder a fé nessa esperança.

Junho chegou novamente, e com ele vieram as propagandas para inscrição na próxima edição do mesmo reality. O que eu fiz? Corri até a casa do Elias para combinar de fazermos a minha inscrição novamente! Kkk! Como boa leonina, sou muito teimosa, e se eles tinham me chamado no ano anterior era porque tinham visto algo em mim. A inscrição era gratuita, e o "não" eu já tinha, agora eu queria mesmo era correr atrás do "sim".

Pronto, enviamos! Esperamos até novembro, e mais uma vez me ligaram. Dessa vez, tínhamos certeza, eu e Elias, de que tudo daria certo, não era possível dar errado de novo! Corrigi todos os meus erros, já sabia mais ou menos como funcionava a seleção, e dessa vez toda a minha família sabia – meus pais, minha irmã e minha avó. Para minha surpresa, eles ficaram muito felizes e ansiosos também. Só achei melhor não contar para meu namorado. Fui para a seletiva e voltei mais tranquila, pois sabia que tinha ido um pouco melhor do que o desastre da última vez. Mas, depois de alguns dias, comunicaram a nova lista de participantes. O que você acha que aconteceu? Mais uma vez acabei não entrando.

Vi tudo desmoronar de novo. Minha família naquele ano também havia colocado uma expectativa de mudança em mim, mas não deu certo. Foi quando minha mãe me olhou e disse: "Filha, para, não se machuque assim. Sei o quanto você queria entrar no programa, mas, se no segundo ano já não deu certo, eles não vão querer mais. Desista disso!".

Naquela noite, fui novamente ao grupo de oração, e foi nesse momento que comecei a descobrir que Deus realmente falava comigo. Eu estava no meu limite, mas pedi do fundo do meu coração: "Senhor, EU NÃO AGUENTO MAIS! Já faz dois anos que estou tentando entrar nesse reality, focando todas as minhas energias nisso. Eu durmo e acordo pensando que essa é a solução, tanto para meus problemas de dinheiro quanto para meus problemas pessoais e no meu relacionamento... Será que eu sou burra, Senhor? Me diz! Se não for da Tua vontade, POR FAVOR, tira isso do meu coração".

Foi então que, naquela noite, eu recebi a resposta que fez a minha vida mudar. Peguei um livro devocionário da Divina Misericórdia, que serve como um guia para mim, chamado *O diário de Santa Faustina*, e abri numa página que dizia assim: "Minha Filha, tenha calma. Tenho um quarto reservado para Ti, e dois anjos te esperarão na porta final". Pronto, se Deus tinha falado comigo daquela forma, eu iria acreditar mais do que nunca! Ele ia me dar um quarto dentro do reality, foi isso que eu senti e entendi. Podiam até me chamar de doida, mas, se Ele me prometeu, eu não tinha como não acreditar. Afinal de contas, Ele é FIEL, certo?

26

No outro dia, logo que acordei, comecei a me comportar como se de fato eu fosse entrar no reality, mesmo sem saber quando. Mas eu sabia que uma hora isso iria acontecer – Deus tinha me prometido, ué!

Um ano antes da data em que a produção geralmente ligava para informar aos participantes a seleção para a próxima etapa, mesmo antes de mandar minha inscrição, mesmo sem ter a menor ideia se eu seria chamada, eu idealizei cada detalhe. Ganhei um tecido da minha avó Marly e levei na costureira para ela fazer uma camisa para mim – eu idealizei a roupa que usaria na seletiva quando eles me ligassem. Fui a uma loja e comprei a sandália dos sonhos em 12 vezes no crediário. E sabe o que eu fiz? Guardei-a na caixa durante um ano para usar apenas no dia em que eu entrasse no reality. Fiz até uma pulseira para combinar com o *look*!

Como eu não tinha dinheiro para fazer academia, todos os dias à noite eu corria em volta do quarteirão de casa para ficar em forma. E, como eu sou muito branquela, algumas vezes na semana, entre uma cliente e outra, eu tomava sol no quintal de casa para pegar uma corzinha e tirar meu "bronze palmito". Durante esses quase 365 dias, eu sempre dava uma passada na igreja (que era a três quadras de casa) para agradecer a Deus por ter me permitido entrar no programa, mesmo sem ainda ter me inscrito e muito menos ter tido contato com alguém da produção. Doida??? Era do que minha mãe, meu pai e minha irmã me chamavam, kkk. Mas ao menos eu tinha o apoio da minha avó, que era uma das únicas que acreditavam piamente na minha fé e na minha pouca sanidade – aliás, ela e o Elias, porque quase ninguém mais sabia dessas minhas sandices, nem mesmo meu namorado.

Chegou novamente a época das inscrições. Feito! Inscrição enviada, agora era só esperar eles me ligarem em novembro. Eu iria continuar me preparando; podiam me chamar de doida o quanto quisessem, mas eu sabia que eles iriam me ligar. Afinal, Deus tinha me prometido, não é mesmo?!

Dito e feito, em novembro recebi pela terceira vez a mesma ligação. Fui para o Rio, fiz a entrevista e voltei para Cianorte, exatamente como tinha acontecido nos dois anos anteriores. Então, no dia 2 de dezembro de 2012 meu telefone tocou. DDD 021!!! OMG! Será que era a produção do programa?

— Alô?

— Oi, Andressa? Aqui é da produção do *Big Brother Brasil*. Você participou da última seletiva aqui no Rio, não é mesmo? Então, estamos ligando para dizer que você passou para a terceira etapa. No dia 2 de janeiro vamos até a sua casa para fazer uma entrevista e conhecer um pouco mais sobre você, tudo bem?

Se eu quase caí dura? Óbvio! Agora pensa na situação: nesse momento da ligação, eu estava maquiando uma noiva! Parei no meio da maquiagem para atender. Imaginem como ficou a cara dessa mulher depois que eu desliguei o telefone e fui terminar a *make* dela? Kkk!

Será que eu já estava dentro? Eu tinha lido em algum lugar que quando eles iam até a casa da pessoa era porque já estava dentro. Não!!! Será??? Mas na ligação haviam me dito que havia mais uma etapa, não tinham me dito que eu já tinha sido selecionada. Continuei com o mesmo foco de sempre e me preparei como se de fato fossem me chamar. No dia 1º de janeiro de 2013, peguei uma lata de tinta e fiz minha mãe me ajudar a pintar o portão e toda a calçada da frente de casa. Imagina, a Globo ia lá me ver, kkk! Pintamos tudo. Acho que os vizinhos olhavam e pensavam que nós não éramos muito normais — "Por que essas doidas estão pintando calçada no primeiro dia do ano?" —, mas, enfim, estava deixando tudo exatamente como eu tinha idealizado.

Na madrugada do dia 1º para o dia 2, que era o dia da entrevista lá em casa, eu quase não dormi. Enrolei meus cabelos novamente com meu amigo papel alumínio, fiz a maquiagem com uns bons cílios postiços, escolhi minha roupa e por volta das seis da manhã dei uma volta de carro na cidade para me despedir de Cianorte, kkk. A louca, né? Mas eu sabia que aquele era o dia que Deus tinha prometido para mim. Eu acreditava!

Às 10h15 da manhã a campainha tocou. Eram eles. Entraram na minha casa, conversaram comigo e já me jogaram um balde de água fria dizendo que, naquele exato momento, mais 80 pessoas estavam fazendo essa mesma etapa da seletiva pelo Brasil todo, e que essa etapa consistia em responder a três perguntas que estavam em um envelope em apenas um minuto. Claro que minha mãe já me olhou querendo me fuzilar por eu ter feito ela pintar a calçada inteira de casa um dia antes só para mais uma seletiva, kkk! Com as câmeras ligadas e um cronômetro na mão, a produção ficava me botando pressão, dizendo que eu tinha apenas um minuto para responder ou estava fora. Abri o envelope, mas tinha apenas aquela imagem do bonequinho do *Big Brother Brasil*. Eu não estava entendendo nada. O produtor me disse: "Mexe o papel, é holográfico" (daqueles papéis que você mexe e muda a imagem). Então vi que lá estava escrito: "PARABÉNS! VOCÊ ESTÁ NA CASA MAIS VIGIADA DO BRASIL!".

A primeira coisa que eu fiz foi sair correndo para abraçar minha família. Eu gritava: "MÃÃÃE... DEUS MEU OUVIU!!! EU CONSEGUI!!!"

Foi mágico, eu vi o milagre acontecer. Aquele era o início da minha nova vida. E então, em menos de 20 minutos, arrumaram minhas malas, e eu parti rumo ao *Big Brother Brasil 13*. O que seria de mim depois que eu saísse dali? Eu não fazia ideia, miga, eu só sabia que muitas portas novas se abririam, um leque de possibilidades, uma reviravolta, um ciclo novinho em folha estava se iniciando. Quebrei as algemas que tanto me aprisionavam e decidi que seria o momento de ser realmente quem eu sempre quis, sem ter vergonha das minhas opiniões, expondo minhas qualidades e principalmente meus defeitos, sem me importar com a opinião dos outros. Se tem uma coisa que ninguém pode fazer por você é ser feliz no seu lugar, e a oportunidade era aquela. E eu tinha esperado tanto por ela!

E foi então que descobri um "botãozinho" dentro de mim que fez a maior diferença na minha vida desde então: o botão do "foda-se". A vida é muito mais linda e mais curta do que pensamos, então para que perder tempo se amargurando e se importando com a opinião alheia? Eu queria me permitir, pois nunca é tarde para tomarmos essa decisão. Queria viver e ser feliz, sem padrões impostos, sem me cobrar por não ser aquilo que a sociedade quer, porque padrão... padrão é a gente ser feliz, não é?!

Quando entrei na casa do *Big Brother Brasil*... OMG! OMG! Eu mal podia acreditar naquilo! Vivi intensamente cada momento. Chorei, gargalhei, dancei, bebi, joguei, fui para o paredão, voltei, conheci pessoas e vivi momentos que só aquele lugar poderia me proporcionar. Acabei saindo apenas no último dia do programa, como terceira colocada, exatamente como Deus havia me prometido: "E dois anjos te esperarão na porta final". Eu só não levei tão ao pé da letra a ponto de acreditar que realmente ficaria até a final do programa! Kkk! VALEU, DEUS... FOI INCRÍVEL!

Aaaaah, mas eu esqueci de dizer que, além de tudo isso que eu fiz no BBB, eu também namorei! Como o agir de Deus é tão perfeito, ele me fez entender o porquê de eu ter esperado os três anos para entrar no programa. Eu poderia ter entrado no primeiro ano em que fiz a inscrição, poderia ter entrado no segundo ano, mas só no terceiro eu pude viver muito além do que eu poderia imaginar: lá dentro eu conheci o homem da minha vida! (Ownnn ♡... Fico com a bochecha levemente rosada em tom de timidez ao contar isso, kkk.) O Nasser!

É, o nome é diferente... kkk! Ele mesmo se apresentou assim pra mim: "Olá, meu nome é Nasser... Isso, "nascer", mas com dois "s", kkk. Provavelmente você não conhece outros "Nassers", mas com o passar dos dias lá na casa eu descobri que, além do nome, outras coisas nele também eram diferentes, principalmente os sentimentos que ele despertava em mim. Eu nunca tinha sentido aquilo na vida antes. Eu ficava com um frio na barriga toda vez que a gente estava junto, e ele fez com que eu me sentisse livre e feliz por ser exatamente do jeito que eu sou, me aceitou, virou meu parceiro, meu melhor amigo, meu maior incentivador, aquele que não deixa a minha peteca cair, que faz com que eu aprenda mais e mais a cada dia... e uma das pessoas que mais me apoiaram a escrever tudo isso para vocês hoje! ♥ Se deixar, eu escrevo um capítulo ou um livro inteiro só rasgando seda pra ele e contando sobre nossas histórias, que são um tanto diferentes das de qualquer outro casal, kkk. Na realidade, nós viramos uma dupla:

Viramos NADESSA.

Sair de um reality show já é a maior loucura – as pessoas te reconhecem e te chamam pelo nome em qualquer lugar que você vá! Mas sair de lá como um casal é quase uma insanidade, kkk! Quando estávamos juntos, as pessoas nos reconheciam com muito mais facilidade. Ganhamos a admiração, o carinho e principalmente a torcida de pessoas de

Nadessa ♡

cada cantinho do país, e era surreal sermos reconhecidos em qualquer lugar a que íamos. Como forma de gratidão por tantos carinhos gratuitos, acabei me aproximando mais das redes sociais, para estar mais perto das pessoas. Criei então uma conta no Twitter, que até então era um bicho de sete cabeças pra mim, e eu duvido que você que está lendo este livro tenha tirado de letra mexer naquele "trem", kkk! É difícil demais pra quem não é apegado à tecnologia, tipo... Eu!

BASTA ACREDITAR... E SUA VIDA PODE SER INCRÍVEL! **31**

Mas foi lá que eu descobri a quantidade de admiradores que se denominavam "nadessas" (junção de Nasser com Andressa. Fofo, né?). O Twitter foi a minha maior ferramenta de contato com todos esses anjos que nos apoiavam e nos acompanhavam, e ali eu passava uns bons minutinhos todos os dias para poder conversar com eles e para contar coisas do nosso dia a dia. Afinal, eles já não tinham mais como saber tanto da gente, pois não havia mais câmeras nos vigiando 24 horas por dia, né? Essa "família Nadessa" (foi assim que nos denominamos) sempre foi incrível, e por meio dela conheci pessoas que levo até hoje na minha vida.

Um belo dia, estávamos conversando pelo Twitter e várias "nadessas" pediram para eu explicar algumas dicas de beleza que eu dava dentro do reality. (Siiim, eu embelezava as participantes dentro da casa, igual eu fazia com minhas coleguinhas na infância.) Eu fazia massagem para redução de medidas, tirava sobrancelha com fio, já que lá não tinha pinça, fazia tranças, maquiagem... Mas como eu ia explicar alguma dica dessas usando apenas os 140 caracteres do Twitter? Foi então que elas mesmas sugeriram que eu fizesse um vídeo explicando a dica e postasse numa conta do YouTube. Mas eu não tinha conta no YouTube! E confesso que não estava com a menor vontade de criar uma, kkk. Maaaas... o Nasser tinha uma conta! Então prometi a elas que postaria o vídeo por lá. Que nome eu daria ao vídeo? "Meninas, vou postar pela conta do Nasser, ok? Vai estar lá com o nome de 'DICAS', beleza?" Instantaneamente elas já começaram a sugerir: "Dedessa... especifica o nome para não confundir no meio dos vídeos que o Nasser tem". "Nãooo, coloca o nome do vídeo como DICAS DA DEDESSA", "#DICASDADEDESSA."

E foi assim que um novo capítulo da minha vida começou...

Como se grava um vídeo? Com uma câmera, né? Dããããrrr. Mas eu não tinha uma câmera... Só tinha a do celular, então foi com ela mesmo que gravei. Conhecem a famosa gambiarra? Então... Peguei a minha tábua de passar roupa, coloquei duas caixas sobre ela, uma em cima da outra, e, para alinhar, ainda coloquei uma caixinha de baralho. Pronto! Ficou na altura do meu rosto. Agora era só apertar o *play* e começar a gravar.

Você não faz ideia de como me senti! UMA RIDÍCULA, kkk! Falar sozinha com uma câmera, trancada no meu quarto, era muito constrangedor! E era só pelas meninas do Twitter mesmo que eu aceitei pagar esse mico. "Oiii, estamos começando nosso primeiro vídeo..." Que terror! Kkk! Você já assistiu ao meu primeiro vídeo? Jesus! A imagem é horrível e tem uma edição supertosca que o Nasser me ajudou a fazer no Windows Movie Maker (o programa mais simples que existe). Mas, independente de tudo, eu finalmente postei. E é claro que, mesmo com todos os defeitos do vídeo, as nadessas amaram. Logo me pediram outro vídeo com outra dica, e prometi que postaria o próximo no mês seguinte.

A partir de então, comecei a invadir a conta do Nasser todo mês para postar, em forma de vídeo, algumas experiências, dicas e tratamentos estéticos que as pessoas poderiam fazer em casa. Eram processos que eu utilizava nas minhas clientes e em mim mesma. Naquela época, eu era cheia de vícios na fala, perdi a conta de quantas vezes eu repetia a palavra "bom" em cada vídeo – aliás, em cada final de frase, kkk. Mas eu só me dava conta disso depois de ter postado.

Aos poucos, comecei a desmistificar a ideia de que estética era uma coisa cara e tentava comprovar que coisas simples, que elas tinham em casa, também podiam criar efeitos incríveis. Por conta da minha formação, eu tinha conhecimento sobre isso, e era muito legal poder explorar tudo o que eu havia aprendido. As "Dicas da Dedessa" continuavam sendo vídeos completamente caseiros, com a tábua de passar roupa e a câmera do celular, mas começou a ser uma diversão. Por mais que eu me sentisse uma tonta gravando, era muito legal ler os comentários das meninas, que colocavam minhas dicas em prática em casa e começavam a ver resultados.

A correria do dia a dia fazia com que eu não desse muita atenção a essa rotina de gravação e ao canal. É que em 2014 nós viajávamos muito – ainda tínhamos compromissos e trabalhos ligados ao BBB, como campanhas publicitárias e presenças VIP, pois tínhamos sido finalistas como casal (inclusive estávamos morando juntos no Rio de Janeiro devido a um contrato prolongado com a emissora). Então gravar as dicas era apenas um hobby... E, como acontece com qualquer ser humano, tem coisas que a gente começa e não continua, né, amiga? Kkk! Só que o YouTube começou a se tornar uma plataforma mais conhecida, e eu passei a notar a quantidade de pessoas que faziam vídeos sobre diversos assuntos ali. A Karol Pinheiro foi a primeira youtuber pela qual me apaixonei, com aquele jeitinho todo "Capricho" de ser. Andreza Goulart era uma rainha, e tudo que ela fazia parecia a coisa mais simples do mundo. A Julia Petit? Uma deusa! Evelyn Regly também era fenomenal com seu jeito irreverente e encantador. Raka Minelli, a perfeição em pessoa. E como não se apaixonar pela Taci Alcolea? Da Bianca Andrade eu queria me tornar melhor amiga, kkk! Quanto mais eu assistia aos vídeos delas, mais eu via que não levava jeito para aquilo. Elas eram descoladas, leves, e eu, com minha eterna mania de autoanálise crítica, conseguia me achar cada vez mais boba e travada fazendo aquilo.

Fiquei seis meses sem postar nenhum vídeo. Desanimei, achei que aquilo definitivamente não era pra mim!

Mas lembra que contei lá em cima que entre as nadessas que conheci fiz amizades eternas? A Pri Fonseca é uma dessas amigas. Certo dia, ela chegou pra mim e disse: "Dessa, você não vai mais postar vídeos? Faz o seguinte, me manda alguns da sua última viagem com o Nasser que eu vou editar para você. Só para o canal não ficar parado!".

Pri é a editora de vídeos mais incrível que eu já conheci. Sabe aquelas pessoas que conseguem colocar o melhor de si e do amor no que fazem? A Pri é uma delas! Ô ser humaninho lindo – que, aliás, se tornou uma das minhas grandes amigas e braço direito. A bonita editou, postamos os vídeos, e é claro que a galera do Twitter AMOU. Mas mesmo assim não me empolguei em gravar mais... Naquele momento, eu estava vivendo muitas transições, tinha acabado de abrir um salão com o Nasser no Rio de Janeiro, estava com um turbilhão de coisas por fazer e meu último foco seria aquele. Então a Pri chamou outra amiga, a Tata, e as duas tentaram me convencer. "Dessa... O canal já está com 7 milhões de visualizações! As pessoas gostam das suas dicas. Você devia monetizar o canal, tem gente que vive disso!"

O QUÊÊÊÊ??? SETE MILHÕES DE VISUALIZAÇÕES??? ONDE EU ESTAVA QUE NÃO VI ISSO? MONETIZAR? GANHAR DINHEIRO COM VÍDEOS? KKK! SÉRIO?

E foi assim, com a ajuda da Pri e da Tata, que foram dois anjos na minha vida e têm minha eterna gratidão, que o canal se tornou de fato o "Dicas da Dedessa" e começamos a monetizar os vídeos. Eu continuei gravando em cima da tábua de passar roupa, kkk, mas com uma camerazinha melhor. O que salvava eram as edições, que deixavam tudo mais bonito com seus efeitos. Chique, né?

Depois de ter percebido tudo de bom que o canal poderia me proporcionar, passei a gravar com mais regularidade e aos poucos fui ganhando mais intimidade com a câmera, me soltando mais e sendo mais eu. Tentei parar de repetir mil vezes a palavra "bom" e tive menos medo de expor minha maneira de ser – afinal, eu estava falando com meninas que gostavam das dicas que eu compartilhava ali. Comecei a contar com o apoio de outras grandes amigas: Bia Barreiro, Pati Rodrigues, Rita Cantero e Selênia, que eram minhas amigas íntimas (e são até hoje ♡). Elas viviam do meu lado, acompanhando as transições mais loucas da minha vida e, claro, meu relacionamento com o meu gordinho, o Nasser.

Fiz meu primeiro "Dedessa Responde" em junho de 2015. Nesse quadro, eu respondo às perguntas feitas pelas amigas que me seguem. E esse primeiro vídeo foi um divisor de águas. Como eu me diverti! Me senti tão EU na forma de me expressar que, dali pra frente, não consegui mais ser diferente. Dias depois, minha amiga Bia Barreiro comentou comigo sobre um encontro de blogueiras que aconteceria no Rio de Janeiro e disse que tentaria uma vaga para mim. E adivinhem? Bia conseguiu! Foi assim que o EBSA (Encontro de Blogueiras S. A.) me convidou para dar uma pequena palestra sobre o meu canal. Hilário? Logo euzinha falando sobre um canal que eu mal fazia ideia de como tinha se tornado um canal, kkk! Mas hilário mesmo foi quando chegamos ao local do evento: eu nunca na minha vida tinha visto um negócio daquele. Era um salão lotado com 1.300 blogueiras e youtubers, todas dispostas a assistir a minha palestra e a de outras tantas que estariam ali compartilhando suas experiências. Quando Bianca Andrade, Evelyn Regly e Raka Minelli chegaram para finalizar o encontro e subiram ao palco, aquelas 1.300 meninas foram à loucura! Naquele momento, minha mente se expandiu. Eu vi que nossos vídeos chegavam até alguém, que atrás da tela tinha, sim, alguém que nos assistia, que gostava da gente, que se identificava conosco de alguma forma e nos admirava.

Depois daquele evento, a cada vídeo que eu gravava eu olhava para a tela como se estivesse sentada de frente para uma amiga; aquelas amigas para quem a gente fala o que quer, sem frescuras, para quem a gente passa as dicas mais íntimas, que a gente não contaria pra ninguém, no melhor estilo "miga, sua loka". Com isso, mais nadessas começaram a me apoiar da maneira mais linda e a divulgar meus vídeos. E, de repente, o canal atingiu 50 mil inscritos! OMG... Era muita gente! E foi aí que eu descobri que havia conquistado amigas do outro lado, amigas que eram tão normais como eu – ah, vá, nem tão normais assim, né? –, mas que me mostravam que, de alguma maneira, eu fazia a diferença na vida delas, mesmo não estando presente fisicamente, fosse através de um vídeo sobre algum tratamento estético ou até mesmo com um comentário bobo que tirava um sorriso delas. Isso era a minha maior motivação: saber que, além das críticas que eu recebia (e como tem gente chata nesse mundo!), existiam amizades verdadeiras e admiração. O canal continuou crescendo e crescendo, e então chegamos a 100 mil inscritos em setembro de 2015 – ou seja, só um ano depois de ter começado!!!

E como andava a vida da Dedessa?

Um caos! Eu me esforçava para gravar vídeos para o canal, mas ele ainda não era minha principal fonte de renda. Eu e Nasser estávamos em processo de venda do nosso salão no Rio de Janeiro. O problema é que, embora tivéssemos investido um bom dinheiro nele, nunca conseguíamos mão de obra qualificada, além disso, eu viajava dando palestras de maquiagem e às vezes me ausentava por muitos dias, atrapalhando a administração do salão. Então, antes de nos enrolarmos em dívidas, resolvemos vender. Fora que isso tudo estava nos deixando MUITO estressados.

Na verdade, eu achava que essa coisa de estresse era frescura, mas então meus cabelos começaram a cair, tive feridas no útero, minha menstruação não descia... E sabe o que o médico me disse? "Está na hora de parar, Andressa. Em um nível de estresse de 0 a 10, o seu é 9! Ou você desacelera ou a tendência é só piorar." Acabei tendo que fazer um tratamento com medicação por alguns meses. Ainda bem que eu tinha o melhor companheiro do mundo do meu lado nessa época, o Nasser. Eu estava longe de toda a minha família, que ainda morava no Paraná, mas por causa do meu gordinho (e de Deus) nunca me sentia sozinha. Foi a segunda vez que pensei em desistir do canal, mesmo sabendo que desafios e acontecimentos ruins são provações que vêm somente com o intuito de nos fortalecer. Todos temos que passar por isso. Que seria da alegria se não conhecêssemos a tristeza?

Como de costume, nossos amigos e minha família não deixaram minha peteca cair. Continuei gravando semanalmente e prometi para as seguidoras que assim que o canal completasse 200 mil inscritos eu entraria com 30 dias seguidos de vídeo no canal. É claro que esse dia demoraria para chegar. Afinal, 100 mil inscritos a mais era quase um sonho, e quase impossível de realizar. Será?

Depois de todas as turbulências que vivenciamos, assim que conseguimos vender o salão, eu e Nasser decidimos ir morar em São Paulo. Seria melhor para nós em vários sentidos, e a mudança se encaixaria perfeitamente em todos os planos que tínhamos, principalmente de trabalho. Resolvemos não comunicar a ninguém, só para nossos amigos mais íntimos e familiares. (Sabe como é esse lance de energias negativas, né? Quanto menos pessoas sabem até o objetivo se concretizar, melhor.) Precisamos de alguns meses para ajeitarmos tudo no Rio de Janeiro e, então, nos mudamos. #PartiuSP

Foi um processo dolorido. Sentimos muito por ter deixado grandes amigos no Rio, e também tinha o fato de eu estar passando por um dos piores momentos da minha vida, pois ainda estava tratando meus problemas de saúde, tinha medo de não poder ter filhos no futuro por conta dos probleminhas no meu útero. Mas no meio de tudo isso, o canal ainda era um refúgio, e eu tinha amigas fiéis ali. Ficamos 20 dias na casa dos meus amados parentes Evandro e Magda, em São Paulo, até encontrarmos o apartamento ideal. Enquanto lidávamos com a burocracia do contrato do apartamento e com a vinda da mudança completa... Pá! Recebi uma mensagem: "Dedessaaa... o canal bateu 200 mil inscritos!!! Pronta para os 30 dias?". O QUÊÊÊÊ???? TÃO RÁPIDO????

Não contive as lágrimas. As meninas que estavam no canal eram incríveis, e nosso bonde era maravilhoso. Agora a gente fazia parte do Bonde da Dedessa. É assim que chamamos as amigas que participam do canal, gente como a gente, que compartilham coisas em comum, têm carinho umas pelas outras, trocam dicas e informações, apenas separadas por uma tela de computador ou celular – porque amizade, carinho e reciprocidade rompem barreiras. E foi assim que formamos o nosso bonde.

Começaram os 30 dias com Dedessa no canal. Que perrengue, miga! Gravar é uma trabalheira só. "Quais temas vou gravar?" "Onde vou gravar? Não tenho espaço!" Eu tinha acabado de me mudar e minha casa estava virada do avesso, com caixas e mais caixas por todos os lados. Mas como havia prometido, fui adiante com o desafio, e mesmo com todas as dificuldades completei os 30 dias com Dedessa. Ufa!

Depois de mais alguns meses, o canal chegou a 400 mil inscritos! OMG... Dava pra acreditar? O número dobrou muito rápido... E então éramos 500 mil... 600 mil... 700 mil... 1 milhão de inscritos! Entre dicas de como clarear as manchas da pele com borra de café, como fazer uma lipo manual em casa para reduzir medidas e técnicas caseiras para amenizar estrias, postando também vídeos motivacionais ou até mesmo contando minhas dicas mais íntimas e escrachando todos os produtos que eu nunca deveria ter comprado, eu conheci mulheres que me fizeram entender minha missão aqui na terra. Pelos vários e-mails, directs no Instagram, mensagens no Messenger ou DM no Twitter que recebo, percebo quanto foi grande a mudança na vida das pessoas depois que começaram a acompanhar meus vídeos, quanto elas deixaram de se sentir sozinhas e desmotivadas ao encontrar uma amiga no canal que, por mais doidinha e engraçada que fosse, com suas dicas de beleza e de vida, fazia com que elas se renovassem e se sentissem lindas do jeito que são.

Issoooo! Sempre foi isso que gostei de fazer, desde criança: plantar a semente da autoestima nas pessoas, plantar nos outros aquilo que eu não tive, mostrar que, por mais que o mundo diga "não", se a gente acreditar, tudo é possível.

E não é que a minha vida teve tanta reviravolta – e a fé me trouxe tanta coisa boa – que eu acabei até recebendo convite para escrever um livro? Foi uma realização sem tamanho, e é claro que aproveitei a oportunidade de colocar todo o meu carinho e minha alma em cada palavra, pra tentar mostrar que de cada provação podemos tirar o nosso melhor, transformando tudo a nosso favor. Fácil?! Não, isso com certeza não é. Mas não se esqueça, podemos construir um castelo lindo com as pedras que juntamos pelo caminho.

E é para você, miga, que eu dedico algumas poucas histórias que contei neste livro: para mostrar que somos iguais, que todas passamos por coisas boas e ruins, alegrias e tristezas. Um dia estamos bem, em outros nem tanto... Mas temos um poder imenso dentro de nós mesmas. Esse poder só você pode ativar: é o de ACREDITAR! Acreditar na sua felicidade, nos seus sonhos, nos seus desejos... Isso, miga, ninguém vai fazer no seu lugar.

Como você viu, na minha jornada aprendi que não devemos nos importar tanto com a opinião alheia; só nós sabemos o que se passa em nossa vida e em nosso coração. E não deixe o tempo passar. Por mais que nunca seja tarde para sonharmos e realizarmos, o tempo é tão precioso! Quando você decidir fazer isso, vai viver coisas lindas também. As realizações estão a um passo da sua zona de conforto, seu comodismo. Eu acredito em você. E acredito que você pode alcançar tudo o que desejar!

Veja o meu caso: depois de tudo de bom que me aconteceu (BBB, Nasser, canal no YouTube), eu continuei buscando coisas bacanas pra mim. E consegui entrar num outro reality, o *Power Couple*. Foi uma experiência maravilhosa! Com pensamento focado em coisas positivas, muita coisa que você deseja pode acontecer.

Certa vez, escutei uma historinha no programa de rádio do Padre Marcelo Rossi, que dizia mais ou menos assim:

Um belo dia, na floresta, todos os animais resolveram disputar uma maratona. Assim que decidiram a data da corrida, os animaizinhos de várias espécies foram se inscrever para participar. Até que chegou a vez de os sapinhos se inscreverem. Toda a floresta começou a zombar: "Imagina! Sapos numa competição de corrida? Que piada! Eles não são capazes de chegar nem na metade do caminho".

Eis que chegou o grande dia da maratona. Todos estavam a postos em seus lugares. Logo que deram a largada, a plateia começou a tirar sarro dos sapinhos. Um deles desistiu bem no início. A zombaria não parava, e outros sapinhos foram desistindo pelo caminho. Mas tinha um que parecia não se importar com os comentários. Foram vários quilômetros de corrida, e o sapinho continuava firme e forte. Eis que toda a bicharada ficou para trás, e para espanto geral, quem ganhou a corrida foi o sapinho, com toda a sua serenidade! Quando chegaram para entrevistá-lo e parabenizá-lo por tamanho feito, descobriram que o sapinho era surdo!

Conclusão… Eu peguei essa história como lema de vida para mim! Kkk!

Sabe qual é o segredo de tudo? Acreditar até mesmo naquilo que não vemos. Isso se chama fé. Deus dá suas maiores batalhas para seus melhores soldados, e é claro que, quando escolhemos ter essa conexão direta com o Senhor, Ele nos dá as armas necessárias e nos conduz pelos caminhos mais seguros. Depois de cada batalha, estando ao lado dele, é impossível não obter a vitória. As grandes vitórias vêm de grandes batalhas, não se iluda achando que as coisas vêm do nada.

Então sacode essa poeira, miga, levanta a cabeça, porque EU acredito em você! Eu acredito na sua felicidade, acredito que tudo tem um tempo certo para acontecer na sua vida (veja só tudo o que aconteceu comigo quando eu resolvi acreditar?). E acredito que você é linda do jeitinho que Deus te fez, e se por acaso alguma coisa anda te incomodando, você sabe onde encontrar uma amiga que vai sempre lhe mostrar um caminho! Porque dica boa, meu bem, a gente compartilha "cazamigas"!

Aliás... esconde este livro "dazinimigas", porque nos próximos capítulos só tem dica boa!! MIGAAAA, SUA LOKAAAAAAA!

PARTE 2

Dicas da Dedessa

Eu não disse que dica boa a gente compartilha "cazamigas"?! Então, como você já faz parte do nosso Bonde da Dedessa, eu posso te afirmar: MIGA, SUA LOKA, pra tudo nós podemos dar um jeitinho! E essas dicas são maravilhosas demais! ☺

Está com manchas ou espinhas no rosto? Não consegue acabar com o cabelo ressecado, com as estrias, com a celulite? Está muito incomodada com as malditas gordurinhas localizadas? Sim, tudo isso dá para resolver, e o melhor é que você consegue fazer isso sozinha, com produtos que tem em casa (miga... você nem imagina o poder que eles têm ♥) ou que custam superbaratinho... Maaaaas... há uma coisa fundamental que você precisa ter para iniciar qualquer um desses tratamentos incríveis: FOCO!

A maioria das pessoas quer algo imediatista em relação a tratamentos estéticos. Não se iluda, miga! Qualquer tratamento, seja ele dos mais caros ou dos mais caseiros, requer uma continuidade e uma frequência, ou seja, você vai ter que se comprometer a fazer certinho todo o passo a passo algumas vezes na semana, sempre de acordo com a quantidade pedida em cada protocolo. Caso contrário, só milagre mesmo, kkk.

As dicas que eu vou compartilhar aqui são as mais acessadas do meu canal, e as que nossas amigas do bonde mais amaram. Recebi milhares de mensagens de meninas que fizeram esses tratamentos, seguiram corretamente todas as recomendações e tiveram resultados extraordinários. E, se nós conseguimos, tenho certeza absoluta de que você também vai conseguir. Você vai ficar linda, mulher!!! Vai conseguir se livrar de tudo aquilo que te incomoda de uma maneira simples, e o melhor, gastando pouco (dá pra usar até coisas que normalmente vão para o lixo!). Fico esperando você me dar seu depoimento também, ok?! ♥

Aaaaah... aqui você também vai encontrar algumas dicas inéditas, que eu nunca compartilhei no canal, então teremos mais alguns segredinhos de beleza que vão ficar só entre a gente. Vou compartilhar, inclusive, uma das maiores dicas que eu poderia te passar. Tá curiosa, né? Então cola nos próximos capítulos que lá vêm elas.

1 Como clarear manchas na pele

Dedessa... Estou cheia de manchas na pele! Ensina alguma dica caseira para eu me livrar delas?

Calma, miga... Eu não disse que pra tudo nós damos um jeito? Para resolver isso, vamos fazer um *peeling* com borra de café.

Borra de café, Dedessa? Aquela que fica no coador e a gente joga fora todo dia? Aquela que sai depois de a gente passar água quente e coar o café?

Siiiiim, miga... Borra de café é o poder! Vou ensinar como ela pode te salvar das manchas. E nada de ficar com nojinho, sua boba! Você sabia que no exterior (em vários países) essa mesma borra de café que a gente joga no lixo todo santo dia é vendida em saquinhos caríssimos para serem usados em diversos tratamentos de estética? Chiquérrimo! Pois é... E você aí, jogando fora essa maravilha. Na verdade, olha o tamanho do desperdício: como o café é a segunda bebida mais consumida no mundo, todos os dias são jogadas fora centenas de toneladas de borra! Imagina quanta gente não poderia estar tirando proveito dela? Sem falar que o café tem princípios ativos superusados em cosméticos que podem ajudar, inclusive, na redução de medidas do corpo.

A cafeína, o potássio, o magnésio e vários outros componentes do café têm um poder enorme de regeneração e ativam a circulação. Quando coamos o café, ou seja, quando passamos a água quente no pó, ele libera, além disso tudo, alguns óleos cheios de princípios ativos com poderes clareadores. E essas maravilhas contidas na borra vão fazer o quê? Mandar suas manchas pra longe bem rapidinho!

E como é que eu faço esse peeling, *Dedessa?*

Vou te explicar o passo a passo e você vai ver como é fácil!

Você vai precisar de:

- 2 colheres de sopa de borra de café

Só isso, Dedessa?
Só isso, miga!

Passo a passo

O primeiro passo é deixar a pele bem limpinha. Eu recomendo que você lave o rosto com água morna (para ajudar a abrir os poros) usando o sabonete facial da sua preferência.

Pegue sua borra de café (sem nojinho, lembra?) e vá aplicando em todo o rosto em movimentos circulares – evite apenas as áreas mais sensíveis, ou seja, a região dos olhos e os cantinhos da boca. Conforme você for passando, vai perceber que a borra libera um óleo. Mas não se apavore se você tem pele oleosa, miga, porque esse *peeling*, além de ajudar a clarear suas manchas, vai ajudar a controlar a oleosidade da sua pele. Eu não te disse que a borra é o poder? Kkk.

Esfolie o rosto todo por cerca de dois minutos, principalmente as áreas onde estão as manchas que te incomodam... A pressão sobre a pele pode ser moderada e não muito forte.

> **Dica plus**
>
> Esse tratamento serve para todos os tipos de pele e todos os tipos de mancha: melasma, manchas de sol, manchas de gravidez, manchas ocasionadas por depilação no buço, manchas de acne e manchas senis.

Após a esfoliação, você deve deixar a borra na pele por apenas mais um minuto antes de retirar. Se quiser, depois de esfoliar, pode pegar o que sobrou da borra no recipiente e aplicar no rosto, mas sem massagear. Quanto mais borra tiver na pele, mais óleo ela vai liberar. Faça isso principalmente nos locais em que se concentram as manchas.

Depois de deixar agir por um minutinho é só retirar com água em abundância; não tem necessidade de lavar com sabonete de novo. (Uma dica superlegal é fazer isso antes do banho e retirar a borra no chuveiro.) Assim que você enxaguar, já vai perceber sua pele mega-hidratada devido aos óleos que foram liberados, e em poucas aplicações vai notar que suas manchas estão clareando.

Dedessa, posso fazer isso em outras partes do corpo também?

Pooodeee, miga! Nas mãos, no pescoço, no colo, onde você quiser. Acredite, você vai obter ótimos resultados.

Recomendações

Faça esse procedimento três vezes por semana até obter os resultados esperados. Depois que as manchas clarearem, continue fazendo uma vez por semana para manutenção. Vale ressaltar que, para ter resultados visíveis, é necessário que você mantenha continuidade e faça no mínimo dez sessões (um pacote completo).

Milhares de amigas já experimentaram e me mandaram depoimentos e fotos contando o quanto amaram e como suas manchas sumiram. Também quero seu depoimento, viu? 💚

Sessão	Data
1ª	_____
2ª	_____
3ª	_____
4ª	_____
5ª	_____
6ª	_____
7ª	_____
8ª	_____
9ª	_____
10ª	_____

Minha experiência com o tratamento:

DICAS DA DEDESSA

Pele maravilhosa em 10 minutos

Tenho certeza de que você está curiosa.com.br para saber os paranauês para deixar sua pele incrível, né, miga? Então corre para sua cozinha, que é de lá que vêm os ingredientes fenomenais desta máscara facial que eu vou te ensinar agora.

Na cozinha, Dedessa, sua loka?

Siiiiim! Na cozinha, miga... E eu vou te explicar tudo. Mas naquele nosso esquema, tá? Esconde essa dica dazinimigas, porque essa é só para azamigas do Bonde da Dedessa, ok?

O primeiro ingrediente da nossa máscara do poder é o ovo, mais precisamente a clara. Ela ajuda a fechar os poros, tem um efeito tensor e deixa a pele superlisinha. O segundo ingrediente é o amido de milho, que segura a oleosidade da pele por horas e horas. Miga, essa misturinha aqui não é receita de bolo, não, tá? Kkk. Prometo que ela vai deixar sua pele maravigold.

É sempre bom lembrar que, antes de aplicar qualquer produto na pele, o ideal é que ela esteja limpinha. Você pode lavar com o sabonete de sua preferência e, logo depois, esfoliar. Se você não tiver um esfoliante e estiver sem grana pra comprar, eu já disse que para tudo a gente dá um jeito: também vou ensinar a fazer um esfoliante caseiro maravilhoso para sua pele.

Bom, vamos aos ingredientes!

Você vai precisar de:

Para o esfoliante
- 1 colher (sopa) de mel (qualquer tipo de mel)
- 1 colher (café) de açúcar

Para a máscara facial
- clara de 1 ovo
- 1 colher (sopa) de amido de milho

Passo a passo

Em um recipiente, coloque os ingredientes do esfoliante e misture-os bem. Aplique em todo o rosto, fazendo movimentos circulares por aproximadamente um minuto. Em seguida, retire tudo com água morna, para abrir os poros. O mel tem ação bactericida, antifúngica, hidrata a pele e traz brilho, e o açúcar, por sua vez, é um maravilhoso removedor de células mortas.

Feita a esfoliação, vamos para a máscara facial. Bata a clara até atingir o ponto de neve, acrescente o amido de milho, misture tudo e prontinho! Sua máscara já está pronta para ser utilizada.

Você deve aplicá-la em todo o rosto com a ajuda de um pincel e esperar por aproximadamente 20 minutos, ou quando perceber que a máscara secou. Você vai sentir sua pele repuxar bastante, e isso é supernormal, tá? Passados os 20 minutos, você pode retirá-la com água fria (para fechar os poros) e finalizar com um hidratante ou filtro solar de sua preferência.

Migaaa, você vai sentir sua pele mais incrível do que nunca! Essa máscara é ideal para quando você quiser dar um *up* na sua autoestima, quando for sair com seu *boy* magia ou quando tiver um evento importante (como formatura, casamento ou festa) e for fazer aquela *make* bafo. Ela vai preparar sua pele e fazer com que sua *make* dure muito mais tempo e fique mais sequinha (já que o amido tem o poder de segurar a oleosidade da pele, lembra?). Essa é uma das minhas máscaras faciais favoritas.

Recomendações
Você pode aplicar essa máscara de uma a duas vezes por semana. Ela serve para todos os tipos de pele, e desde as mais novinhas até as peles mais maduras vão amar! Depois também quero saber se essa é uma dica que você vai levar para a vida, porque para mim ela é incrível!

Sessão	Data
1ª	_____
2ª	_____
3ª	_____
4ª	_____
5ª	_____
6ª	_____
7ª	_____
8ª	_____
9ª	_____
10ª	_____

Minha experiência com o tratamento:

Xô, espinhas!

Quer coisa pior do que você estar esperando ansiosamente por algum evento importante e um dia antes... *pá*! Você acorda com uma megaespinha no rosto! Você quase nunca tem espinhas, mas uma delas resolve dar o ar da graça justo no pior momento... Quem nunca, né?

Algumas amigas do Bonde da Dedessa passam por esses perrengues de vez em quando, mas há outras que sofrem com as malditas espinhas diariamente. Eu não sei qual é o seu caso, mas vou compartilhar com você uma máscara maravilhosa que eu costumava usar nas minhas clientes na época em que eu atendia e que fazia parte do meu protocolo de tratamento para acne. Se você seguir o passo a passo e fizer certinho tudo o que eu ensinar, com certeza sua pele vai melhorar demais. Lembrando que esse probleminha da acne em alguns casos pode ser agudo e ocasionado por diversos fatores, então, se mesmo com as máscaras sua pele não melhorar, você deve procurar o auxílio de um médico.

Os ingredientes de que você vai precisar para a nossa #MáscaraSecaEspinha são superfáceis de encontrar em qualquer casa de produtos naturais ou de cosméticos e também em qualquer farmácia – e o melhor é que são superbaratinhos.

O primeiro ingrediente é a nossa poderosa, maravilhosa... argila verde!

E pode ser outra cor de argila, Dedessa?

Não, miga! Existem várias cores de argila, sim, mas cada uma tem suas propriedades, e apenas a verde é utilizada para tratamentos contra espinhas, pois ela tem ação adstringente, tonificante, estimulante, secativa, bactericida, analgésica e cicatrizante – ufa! Ela nutre os tecidos com sais minerais e faz um *peeling* natural, removendo o excesso de oleosidade da pele. E não é só isso! Ela também absorve a radiação solar, retardando o envelhecimento. Maravilhosa, né?

Mas vamos à máscara, então.

Você vai precisar de:

- 1 colher (sopa) de argila verde
- soro fisiológico ou água filtrada

Passo a passo

Em um recipiente, coloque a colher cheia de argila verde e vá acrescentando aos poucos o soro fisiológico ou a água filtrada, até a mistura ficar com consistência de pasta de dente. Lembrando que, antes de começar a preparar a máscara (pois ela seca rápido), o ideal é que você já esteja com a pele limpinha (utilizando o sabonete facial de sua preferência) e esfoliada (se não tiver esfoliante industrial, pode usar a receitinha de esfoliante caseiro mostrada na dica anterior).

Aplique a máscara em todo o rosto (se desejar, pode passar no pescoço e no colo também) com o auxílio de um pincel e sempre com movimentos ascendentes, de baixo para cima. Olha o efeito da gravidade aí, miga, não esquece... Sempre que for aplicar algum produto no rosto, faça movimentos pra cima. Já ajuda a dar aquele *up*!

E fica a dica: se você tiver espinhas nas costas e nos braços, pode passar a máscara nesses locais também.

Depois da aplicação, deixe agir por 20 minutos ou até a máscara secar completamente. Retire com água em abundância e preferencialmente fria, para fechar os poros. Não tem necessidade de lavar com sabonete novamente. Você pode finalizar com filtro solar ou hidratante (ambos *oil free*).

 Dica plus

Quando aparecer aquela "senhora espinha" de uma hora para a outra (como no caso do evento importante, que comentei no começo do capítulo) e você quiser que ela seque rapidinho, pegue um pouquinho de leite de magnésia (facilmente encontrado em farmácias) e aplique em cima da espinha com o auxílio de um cotonete ou algodão. Faça isso à noite, antes de dormir. No outro dia, a espinha estará sequinha. ♥ Funciona muito!

Recomendações

A máscara de argila pode ser usada como um tratamento para quem sofre com as espinhas de maneira recorrente. Você pode aplicá-la de duas a três vezes por semana, intercalando os dias, dependendo do estado da pele. É importante lembrar que devem ser realizadas dez sessões para que você consiga ver grandes resultados. Depois do tratamento, você pode seguir fazendo uma aplicação por semana, apenas para manutenção.

Miga, sua loka, não se esqueça de anotar a data do início do tratamento e como foi a sua evolução. Depois, corre lá no canal Dicas da Dedessa ou nas minhas redes sociais para me contar tudo. Já estou doida pra saber!

PELE LIMPINHA

Sessão	Data
1ª	_____
2ª	_____
3ª	_____
4ª	_____
5ª	_____
6ª	_____
7ª	_____
8ª	_____
9ª	_____
10ª	_____

Minha experiência com o tratamento:

4 Adeus, olheiras!

Eu ouso dizer que nove em cada dez mulheres deste mundo já reclamaram das olheiras – e, se não reclamaram, um dia vão reclamar, kkk. Meu Deeeeeus, como é difícil se livrar delas, não é mesmo, miga?

As terríveis olheiras, que nos deixam com cara de panda, são ocasionadas geralmente por vascularização e micropigmentação.

Mas que diacho é isso, Dedessa?

A parte inferior dos olhos é uma região muito vascularizada, e esses vasinhos e veias, com o tempo (e por diversos fatores), liberam ferro. Dependendo da quantidade de ferro liberada, a coloração do local fica alterada, e é isso que deixa a região bem marcada, ou seja, com olheiras!

Os outros fatores que ocasionam as olheiras são a genética (tanta coisa boa pra gente herdar, e acabamos ficando justamente com as olheiras? kkk), o tabagismo, o sedentarismo, a insônia, a ingestão de bebidas alcoólicas e a má alimentação.

Mas, calma, para tudo tem um jeito! A seguir eu compartilho com você truques e dicas para amenizar esse probleminha tão chato.

Truques

A forma mais rápida de camuflar qualquer olheira é recorrer à melhor amiga de toda mulher: a maquiagem! Mas, para camuflar 100%, devemos saber quais são os produtos corretos. Você já ouviu falar de corretivos coloridos? Não, miga? Existem de várias cores! Roxo, verde, vermelho... Mas o que eu mais indico para cobrir olheiras é o amarelo. Essa sobreposição do amarelo com o tom arroxeado das olheiras é o que facilita a camuflagem completa. O ideal é que você aplique o corretivo amarelo antes mesmo da base. Logo após a aplicação da base, você pode fazer uma segunda camada com outro corretivo que seja do tom da sua pele. Aí, sim, você vai se livrar instantaneamente delas. ♡

Tratamentos

De todas as opções existentes neste mundo para tratar olheiras, nenhuma delas é instantânea. Então, miga, você tem que estar ciente que precisa de foco, continuidade e um pouquinho de paciência. Vai dar resultado? Vai! Vai amenizar bastante? Vai! Mas antes de tudo você precisa ter foco.

Seguindo a ideia de indicar ingredientes que todo mundo tem em casa e que são baratinhos, para começar seu tratamento você vai precisar de pepino ou chá de camomila.

Neste exato momento, você deve estar me chamando de doida, né? Kkk! Mas vou te contar o poder que esses lindos têm. Eles possuem os chamados flavonoides. Lembram que eu disse que na região inferior dos olhos nossos vasinhos podem acabar liberando muito ferro, ocasionando as olheiras? Então, os flavonoides não deixam isso ocorrer e de quebra clareiam o local. E adivinha? O pepino e o chá de camomila são *riquíssimos* em flavonoides! Tenho certeza de que agora você vai enxergá-los com outros olhos, não é? Kkk.

Você vai precisar de:

- 2 rodelas de pepino

ou

- 2 saquinhos de chá de camomila
- 2 xícaras (chá) de água fervente
- 2 rodelinhas de algodão

Passo a passo

A opção do pepino é superfácil. Depois do banho, com a pele limpinha após ter usado o sabonete facial da sua preferência, corte duas rodelas e coloque em cima dos olhos, cobrindo também as olheiras (exatamente igual àquelas madames que a gente vê na TV). Então, você tira seus dez minutinhos da beleza. Se o pepino estiver geladinho, é melhor ainda.

A opção do chá de camomila também é muito fácil. Coloque cada um dos saquinhos de chá de camomila (daqueles que você compra em caixinhas no supermercado) dentro de uma xícara com água fervente e espere cinco minutos. Retire os saquinhos e leve as xícaras à geladeira por cerca de uma hora, até o chá ficar bem gelado. Após o banho, com o rosto limpo, pegue duas rodelinhas de algodão, encharque com o chá gelado e coloque como compressa sobre os olhos, deixando agir por dez minutinhos.

É importante lembrar que o chá deve ser feito no dia, e não pode ser guardado para outras aplicações. Aproveite e tome o que sobrar com uma colherinha de mel. Além de ajudar a tratar suas olheiras, o chá vai te deixar calminha.

> **Dica plus**
>
> Para dar uma potencializada no seu tratamento caseiro, você pode deixar uma colher de metal no congelador por alguns minutos e, depois de cada sessão, aplicar a parte abaulada da colher nas olheiras, alternando de 30 em 30 segundos em cada olho. Isso também ajuda bastante a aliviar as olheiras.

Recomendações

Tanto no caso do pepino quanto no caso do chá, se você fizer isso três vezes na semana, em cerca de um mês vai notar uma grande diferença na coloração das olheiras.

Minha experiência com o tratamento:

Como amenizar marcas de estrias

O problema das estrias é o terror de muitas mulheres: daquelas que já engordaram, das que já tiveram bebê, das que sem nem saber o motivo têm de conviver com essas marcas... E as estrias não poupam nem azamigas do Bonde da Dedessa nem azinimigas! Mas eu vou ensinar um protocolo que é sucesso garantido! Milhares de amigas já testaram e amaram.

Não importa se você tem estrias brancas ou vermelhas, grossas ou finas, esse tratamento vai ajudar muito em todas as situações e serve para todos os tipos de pele. Mas só lembrando aquele nosso esquema, miga: não existem milagres! Se você está achando que vai perder as estrias do dia para a noite, é melhor desistir e pular para a próxima dica! Eu vou, sim, te ajudar a amenizar todas elas, mas até os tratamentos mais caros, daqueles feitos em cabine, demoram um pouco a mostrar resultados. Então, é essencial ter foco, paciência e determinação para ver sua pele se regenerar e as estrias diminuírem.

Explicando de uma maneira ilustrativa, a nossa pele pode ser comparada a um elástico de borracha: se você estica, estica, estica... chega um momento em que ele se rompe e, depois que isso acontece, é difícil fazer com que volte a ser como antes. E as estrias nada mais são que o rompimento das fibras de colágeno e elastina. A diferença entre as estrias vermelhas e brancas é que as vermelhas ainda possuem corrente sanguínea passando por elas e as brancas não mais. Então, temos que estimular a pele no local da estria, fazendo com que nosso corpo ative a corrente sanguínea da área e, consequentemente, o tecido acabe se regenerando. E é isso que vou ensinar pra você, miga! E o melhor é que é possível obter resultados incríveis gastando superpouco.

Você vai precisar de:
- 1 bucha vegetal (que você encontra em supermercados, lojas de produtos naturais ou até mesmo em feiras livres – eu paguei R$ 1,50 na minha!)
- 1 pente fino de cabelos
- 1 pedra-pomes (que você encontra em farmácias, lojas de cosméticos e até supermercados)
- óleo de semente de uva, de preferência (se não tiver, pode ser óleo de rosa mosqueta ou óleo de amêndoas)

Passo a passo
Na hora do banho, esfregue a bucha vegetal na região com estrias, com intensidade moderada a forte, pois o ideal é que o local fique vermelho. Só tome cuidado para não chegar a ponto de machucar; o que queremos é apenas trazer vermelhidão para a pele. Após o banho, seque bem a área e, com o pente, repita o mesmo processo da bucha vegetal, mas fazendo movimentos para cima e para baixo, até deixar a pele bem vermelha (novamente, tome cuidado para não se machucar). Feito isso, aplique na região o óleo de semente de uva e massageie até que ele penetre totalmente na pele.

Recomendações

Esse processo deve ser feito todos os dias por pelo menos 15 dias. Miga... você já vai notar um resultado enorme! Depois disso, pode continuar fazendo três vezes na semana até obter o resultado desejado. As estrias vermelhas vão melhorar 90% e as brancas, 70%.

Para manutenção, continue hidratando o local diariamente com o óleo – e não se esqueça de beber muita água para hidratar por dentro também!

Estou muuuuito ansiosa para saber seus resultados, OMG! Promete compartilhar comigo também?

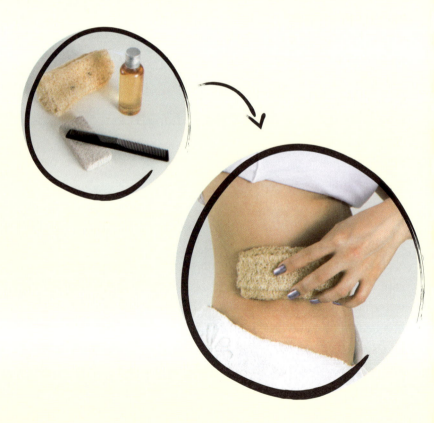

Sessão	Data
1ª	
2ª	
3ª	
4ª	
5ª	
6ª	
7ª	
8ª	
9ª	
10ª	
11ª	
12ª	
13ª	
14ª	
15ª	

Minha experiência com o tratamento:

Você já deve saber que eu sou considerada a "Maria dos Chás", não é? Kkk. E sou mesmo, com muito orgulho, porque sei dos benefícios, e sei também que, escolhendo as plantinhas certas, dá pra conseguir um efeito incrível para o corpo. Vivo tomando aqui em casa e eles sempre me salvam. Você encontra uma receita de chá aqui e mais duas nas próximas dicas.

Como desinchar para o verão
(ou qualquer época do ano)

Meu nome é Andressa, mas facilmente poderiam me chamar de "Caminhão Pipa" (não ri, tá? Kkk). É que meu sistema linfático é "maravilhoso" (#sqn), e às vezes ele parece que está com preguiça de funcionar e eu acabo ficando muuuuito inchada. Essa retenção de líquido não é de Deus, e principalmente no calor eu viro praticamente um balão. Mas esse chá que vou compartilhar com você me faz desinchar por completo e automaticamente me deixa sequinha.

Não, não vamos usar apenas o chá branco, que já é superconhecido nesse tipo de tratamento. Nosso chá, migas, é uma misturinha de várias plantas e é *power*. O chá branco é diurético, estimulante e antioxidante; a carqueja tem poderes anti-inflamatórios, ajuda na digestão e também é diurética. Já o dente-de-leão, além de também ser diurético e anti-inflamatório, melhora o funcionamento do sistema linfático. Tá bom ou quer mais? Kkk!

Você vai precisar de:

- 1 colher (sobremesa) de folhas de chá branco
- 1 colher (sopa) de folhas de carqueja
- 1 colher (sopa) de folhas de dente-de-leão
- 1 litro de água

Passo a passo

Ferva a água, desligue o fogo e acrescente as folhas de chá branco, carqueja e dente-de-leão. Abafe a infusão com um pano por cinco minutos. Passado esse tempo, você já pode coar e tomar. O ideal é que o chá seja consumido em 24 horas para não perder seus benefícios. Você pode tomá-lo em temperatura ambiente ou frio, sem adição de açúcar ou adoçante.

Recomendações

Miga, prepare-se para fazer muito xixi, kkk! Mas, brincadeiras à parte, seu corpo vai desinchar demais. O chá pode ser tomado por até quinze dias direto, sempre que você sentir o inchaço chegando. Passado esse período, dê um intervalo de uma semana antes de iniciar novamente. Mas vale lembrar: esse tipo de chá não é indicado para gestantes, lactantes, pessoas hipertensas ou com gastrites, úlceras e batimentos cardíacos alterados.

Termogênico caseiro

DICA INÉDITA

Este chá é de utilidade pública, kkk! Pega essa dica para a vida, miga, que esse é o termogênico natural que eu uso, superbaratinho e superfácil de fazer – e é claro que, depois descobrir essa maravilha, você não vai mais precisar gastar com aqueles termogênicos caros que, às vezes, até fazem mal para o seu corpo, acelerando os batimentos cardíacos e causando mal-estar. Este termogênico natural não causa nada disso, muito pelo contrário: dá ânimo, acelera o metabolismo, ajuda na queima de gordura e dá um gás enorme para fazer exercícios.

Ele é uma mistura de três ingredientes: hibisco, canela e gengibre. O hibisco ajuda a eliminar as gordurinhas abdominais, sem falar que é um ótimo diurético e termogênico, ativando o metabolismo. A canela é antioxidante, anti-inflamatória, reduz os níveis de colesterol do organismo, ajuda no controle do açúcar do sangue e ativa muito o metabolismo, ou seja, também ajuda a queimar as gordurinhas. Já o gengibre é anti-inflamatório, aumenta a imunidade, auxilia na absorção de nutrientes no organismo, acelera o metabolismo e dá um gás incrível.

Você vai precisar de:
- 1 colher (sopa) de folhas secas de hibisco
- 1 pauzinho de canela
- 4 rodelas grossas de gengibre
- 1 litro de água

Passo a passo
Ferva a água, desligue o fogo e acrescente os ingredientes. Abafe a infusão com um pano por cinco minutos. Passado esse tempo, você já pode coar e tomar. Exatamente como explicado na dica anterior, o ideal é que o chá seja consumido em 24 horas para não perder seus benefícios. Ele pode ser tomado em temperatura ambiente ou frio, sem adição de açúcar ou adoçante.

Recomendações
Tome esse chá ao longo do dia, sempre que for fazer exercícios. Seu corpo vai agradecer, miga, e você com toda a certeza vai amar!

Remédio para ansiedade e estresse

Acho MUITO válido compartilhar esta dica aqui. Afinal, se nossa mente não vai bem, não tem tratamento que ajude a gente se olhar no espelho e se sentir bonita. Este santo remedinho – sim, eu considero este chá um remédio – auxilia não só a controlar a ansiedade e o estresse, mas também a aliviar casos de depressão e insônia. E, mesmo que você não esteja passando por problemas assim, esta dica pode servir para alguém que você conhece.

Foi meu médico que me ensinou esta receita quando passei pelos meus probleminhas no útero ocasionados por estresse (já contei esse episódio na primeira parte do livro, lembra?). E isso me ajudou muito!

Os ingredientes que vão te deixar zen são: erva-cidreira (usada para tratamentos contra nervosismo, estresse e ansiedade), melissa (muito utilizada em tratamentos de depressão) e anis estrelado (bem comum em tratamentos contra insônia e estresse).

Não adianta a bonita me falar: Nossa, Dedessa, achei que você fosse me passar um remédio de farmácia supertop, mas não... é só um chá. Experimenta e depois me conta, boba... As Dicas da Dedessa são puro sucesso, meu bem!

Você vai precisar de:
- 1 colher (sopa) de erva-cidreira
- 1 colher (sopa) de melissa
- 5 anis estrelados
- 1 litro de água

Passo a passo

Ferva a água, desligue o fogo e acrescente os ingredientes. Abafe a infusão com um pano por cinco minutos. Passado esse tempo, você já pode coar e tomar. O ideal é que o chá seja consumido em 24 horas para não perder seus benefícios. Pode ser tomado em temperatura ambiente ou frio, sem adição de açúcar ou adoçante.

 Dica plus

Você pode acrescentar à mistura uma colher (sopa) de camomila ou então substituir a melissa pela camomila, que proporciona um efeito calmante.

Recomendações

Sempre que posso eu tomo uma xícara desse chá antes de dormir, e com certeza faz toda a diferença. E você? Promete me contar das suas experiências depois de experimentar o chá?!

Lipo manual

Se a ideia é deixar todo mundo do Bonde da Dedessa com corpinho de diva, então esta dica não poderia faltar! O vídeo sobre lipo manual é um dos mais acessados do meu canal, e milhares de amigas já me enviaram fotos do antes e do depois, mostrando seus resultados. E eu te digo: é impossível que alguém faça o passo a passo certinho e não obtenha resultados. Cinturinha fina, barriga lisinha, é isso que a nossa lipo traz para quem se compromete a seguir todo o protocolo de maneira correta e com a frequência certa. Bora aprender?

Você vai precisar de:
- esfoliante corporal
- creme hiperêmico
  (calma, que eu já vou explicar o que é isso)
- plástico filme
- bandagens ou cinta modeladora

Passo a passo
Pronta para começar? Seguinte, miga, o primeiro passo é a esfoliação dos locais onde você vai aplicar a lipo manual: abdômen, costas e flancos. Você pode usar qualquer tipo de esfoliante. Muita gente não sabe da importância da esfoliação antes de fazer qualquer procedimento na pele, mas ela é uma etapa fundamental, pois, retirando as células mortas, qualquer produto aplicado depois disso vai ter uma ação muito maior e vai surtir muito mais efeito, trazendo um resultado mais evidente e rápido.

A esfoliação deve sempre ser feita em movimentos circulares, por mais ou menos um minuto, e logo depois você pode retirar o esfoliante com um paninho úmido.

Bom, agora é a vez das manobras!

Migaaa, é tudo muito fácil, e você consegue fazer sozinha tranquilamente. Foque a sua mente na cinturinha da Barbie e em pouco tempo você vai ver vários centímetros indo embora. Pegue seu creme hiperêmico...

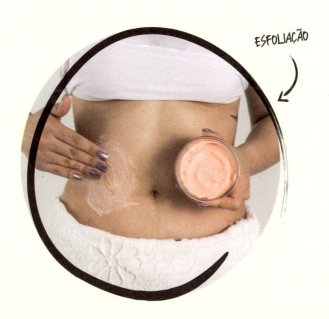

Mas o que é um creme hiperêmico, Dedessa?

Resumidamente, é um creme com vários ativos que vão deixar sua pele vermelha, promovendo vários efeitos: vasodilatador (ativando a circulação sanguínea e linfática, aumentando a oxigenação e diminuindo o inchaço); lipolítico (ajudando na quebra das moléculas de gordura); hidratante (para amaciar o tecido) e antifibrótico (que ajuda na mobilização das travas de colágeno, ou os famosos "furinhos" da celulite). Em um mesmo produto, você pode encontrar todos esses ativos. É fácil de achar em qualquer casa de cosméticos.

Mas vamos voltar às manobras. Com intensidade moderada a forte (tomando sempre cuidado para não exagerar na força e se machucar), espalhe o creme hiperêmico com movimentos circulares por toda a região do abdômen, costas e flancos.

Em seguida, com os dedões, comece a massagear o abdômen com movimentos para baixo, caprichando principalmente nas gordurinhas que te incomodam. Você pode repetir 50 vezes o movimento nessa região.

Próxima manobra é para a cinturinha: com as mãos abertas, faça movimentos laterais modelando a cintura, principalmente com o dedão e o indicador. Pode repetir esse mesmo movimento também por 50 vezes.

Feitas as manobras, você deve passar três voltas do plástico filme em torno da cintura, cobrindo todos os lugares onde você aplicou o creme hiperêmico. O plástico filme ajuda a aumentar a circulação sanguínea e estimula a função dos linfonodos, aumentando a capacidade de eliminar toxinas e líquidos, e consequentemente diminuindo o inchaço. Logo em seguida, passe as bandagens em volta da cintura para ajudar a modelar ainda mais – ou, em vez da bandagem, você pode colocar a cinta, fica a seu critério.

Depois de todo o passo a passo, é só aguardar uma hora e retirar a cinta (ou a bandagem) e o plástico filme. Não precisa retirar o creme, você pode deixá-lo agindo por mais tempo. Geralmente o tempo de ação do creme é de 20 minutos a no máximo uma hora, e ele não causa lesões na pele. Na verdade, depois de completar o procedimento, você vai sentir a pele esquentar muito e notar uma vermelhidão em todo o local onde foi aplicado o creme. Isso é supernormal, miga, não precisa achar que está tendo uma reação alérgica. Em todo caso, recomendo que, antes de iniciar o procedimento, você faça um teste com o creme hiperêmico em um pedacinho da sua pele (parte interna do braço ou calcanhar), para garantir que realmente não tem nenhuma alergia aos princípios ativos.

Recomendações
Para ter grandes resultados, você deve fazer no mínimo dez sessões, três vezes por semana, sempre intercalando os dias. É importante respeitar pelo menos um dia de intervalo entre uma sessão e outra.

Meça sua cintura com uma fita métrica antes de começar o tratamento e, após as dez sessões, meça novamente. Você vai ficar encantada ao ver os vários centímetros que foram eliminados. ♡

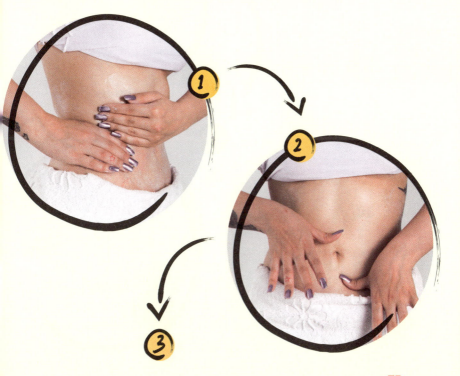

Sessão	Data
1ª	____
2ª	____
3ª	____
4ª	____
5ª	____
6ª	____
7ª	____
8ª	____
9ª	____
10ª	____

Minha experiência com o tratamento:

10 Acabando com as **manchas** nas **axilas**

DICA INÉDITA

Chegou a hora de falar da minha, da sua, da nossaaa... axila!!!

Depilação com cera ou lâmina, uso de desodorantes, alterações hormonais, atrito da pele com a roupa, alergias... você sabia que tudo isso faz aumentar a melanina na região das axilas, causando manchas? Pois é, e isso incomoda demais, principalmente nas estações mais quentes do ano, quando usamos peças de roupas que deixam essa parte do corpo à mostra.

Esta superdica vai deixar sua pele lisinha e sem manchas, você nem vai acreditar! Serve para todos os tipos de pele, principalmente para as amigas de pele mais escura, que têm maior produção de melanina e acabam tendo essas manchas com mais frequência.

Os ingredientes de que você vai precisar são bastante acessíveis e certamente você deve tê-los em casa. Vale lembrar que essa receitinha também pode ser aplicada em outros lugares do corpo que possuem manchas, como virilha e cotovelos.

Você vai precisar de:

- suco de ½ limão
- 1 colher (sopa) de bicarbonato de sódio
- 1 colher (sopa) de água oxigenada líquida volume 10 (não pode ser de outro volume)
- algodão (para aplicar)

Passo a passo

Misture todos os ingredientes em um recipiente. Você vai perceber, miga, que a misturinha não fica cremosa, e sim líquida. Aplique-a com o auxílio de um disco de algodão em toda a região com manchas. O ideal é que você aplique a receita sempre antes de tomar banho, ainda com a pele seca. Depois de aplicar, espere por 20 minutos e só então retire.

Recomendações

O tempo de tratamento depende do tipo da mancha e de como está caminhando o processo de clareamento. Você deve fazer a aplicação duas vezes por semana, até a pele clarear 100% e ficar com cor uniforme. Depois disso, para manutenção, você pode fazer duas vezes ao mês (ou seja, a cada 15 dias).

Se você tiver feito depilação há pouco tempo, é normal que sinta uma leve ardência no local. Então, o ideal é sempre fazer uns dois dias depois.

Dica plus

Eu não sei se você sabe, mas sempre que estiver fazendo qualquer tratamento para manchas, seja profissional ou caseiro, deve evitar se expor ao sol logo em seguida. Senão, ao invés de ter o efeito clareador, você pode acabar manchando sua pele ainda mais. Então, respeite o tempo do processo de clareamento, evite o sol e use sempre filtro solar.

Minha experiência com o tratamento:

Cabelos de
Rapunzel

Muuuuuitas amigas do Bonde da Dedessa sonham em ter os cabelos bem longos!

Expectativa: Cabelo da Rapunzel.
Realidade: O cabelo não cresce por nada!

Mas, calma, meu bem! Com os produtos certos, qualquer uma tem a chance de virar Rapunzel rapidinho!

Rapidinho, Dedessa? Sério?!

Muito sério, miga! Quando eu passei por aqueles probleminhas no útero que eu já contei aqui, meu cabelo caiu horrores. O pior de tudo é que eu sempre tive cabelão, e com a queda acabei cortando ele bem curtinho. Eu até que gostei do corte novo, mas chegou num ponto que meu cabelo não crescia por nada! Foi então que uma amiga me passou esta dica. Eu logo fui pesquisar sobre os princípios ativos da misturinha e então comecei a usar. Resultado: todo mundo ficou chocado com o quanto meu cabelo cresceu, e como foi rápido. Claro que vou compartilhar com você também, e tenho certeza de que vai adorar!

Você vai precisar de:

- 100 ml de azeite extra-virgem
- 10 ml de óleo de rícino
- 1 pauzinho de canela
- 1 colher (sopa) de hibisco
- 1 colher (sobremesa) de cravo-da-índia

Passo a passo

Em um recipiente com tampa, coloque a canela, o hibisco e os cravos. Em seguida, acrescente os óleos. Feche-o e deixe os ingredientes agindo e descansando por três dias sem abrir.

Passado esse tempo, aplique a misturinha com o auxílio de um disco de algodão em toda a raiz do cabelo. Logo a seguir, massageie com a pontinha dos dedos todo o couro cabeludo em movimentos circulares. Deixe agir por três horas.

Lave o cabelo com o xampu da sua preferência até retirar todo o óleo, e em seguida você pode finalizar com um condicionador ou uma máscara de hidratação.

Recomendações

Você pode repetir esse passo a passo uma vez por semana, até seus cabelos chegarem ao comprimento desejado.

Por favor, miga, quero muito saber dos seus resultados! Não vá se esquecer de compartilhar comigo e cazamigas do Bonde da Dedessa, tá bom?! ♥

Minha experiência com o tratamento:

Spa dos pés

Quando chega aquela época do ano em que os dias ficam mais quentes, primavera, verão... nós queremos o quê? Colocar os pezinhos à mostra em sapatos abertos, sandálias e rasteirinhas, não é?

Mas deixa eu adivinhar: seus pés estão uma lixa, miga? Todos cascudos e rachados? Isso não te pertence mais!!! Vou ensinar uma receitinha infalível para te deixar com pés de princesa, superlisinhos e macios. É fácil, prática e baratinha, do jeito que a gente gosta.

Como eu já comentei em outras receitas, o primeiro passo é fazer nossa famosa esfoliação. Você pode tanto usar um esfoliante industrializado, comprado em farmácia, quanto qualquer tipo de esfoliante caseiro. Na dica 2, eu mostrei como fazer um à base de mel e açúcar. Se quiser, pode usá-lo. A seguir vou sugerir mais um, que é maravilhoso.

Você vai precisar de:

Para o esfoliante

- 2 colheres (sopa) de creme hidratante (qualquer um que você tenha em casa)
- 1 colher (sopa) de açúcar cristal

Para o creme

- creme contra assaduras com óleo de amêndoas
- creme pantenol
- meias velhas

Passo a passo

Vamos começar com a esfoliação. Em um recipiente, coloque o creme hidratante e o açúcar cristal. Mexa e está pronto. Para aplicar o esfoliante, faça movimentos circulares em todo o pé, durante um a dois minutos. Depois retire tudo com água abundante e seque muito bem os pés.

O próximo passo é a hidratação profunda. Coloque no dorso da mão uma pequena quantidade do creme contra assaduras e também do pantenol, a mesma quantidade que você colocaria em uma escova de dente. Com o dedo, misture os dois produtos e então aplique em todos os lugares ressecados, principalmente calcanhares. Logo depois, coloque uma meia e espere algumas horas. A meia vai fazer com que os produtos penetrem melhor na pele, deixando-a mais hidratada.

Recomendações

O ideal é que você faça esse protocolo antes de dormir. No outro dia de manhã, quando retirar as meias, vai perceber que seus pés "sugaram" toda a misturinha e automaticamente ficaram super-hidratados e lisinhos. Você pode repetir o processo todos os dias até obter os resultados desejados.

 Dica plus

Você pode utilizar este tratamento em outras partes do corpo que estejam ressecadas, como mãos e cotovelos.

Quero te ver linda, arrasando, e não passando constrangimento com os pés ressecados – e, claro, quero que você compartilhe sua experiência comigo!

Minha experiência com o tratamento:

Base bomba para unhas

13

DICA INÉDITA

Miga, você está querendo investir em uma base fortaceledora, que vai fazer com que suas unhas cresçam fortes e super-rápido?

Justamente por saber que essas bases em geral são bem carinhas, vou te ensinar a fazer uma versão caseira, superpotente e tão maravilhosa quanto essas que você encontra em lojas de cosméticos. E, para melhorar, todos os ingredientes são fáceis de encontrar e baratinhos.

Você vai precisar de:
- ½ dente de alho picado
- 5 cravos-da-índia
- 2 gotas de óleo de rícino
- base incolor comum (da sua preferência)

Passo a passo

Acrescente todos os ingredientes dentro da base incolor, feche o vidrinho e aguarde 48 horas antes de usar. Respeitar esse intervalo é importante porque é o tempo que os ingredientes precisam para liberar seus princípios ativos. Assim, quando você usar, sua unha vai crescer rápido e forte.

Recomendações

Pode utilizar essa base toda vez que você for fazer a unha, miga. Você agora não tem mais desculpas para não ter unhas de diva! Elas vão ficar MARAVIGOLD!

Minha experiência com o tratamento:

DICAS DA DEDESSA **91**

Dicas
íntimas
para garotas

> **NUNCA MAIS SOFRA COM UMA MEIA-CALÇA DESFIADA**
> Como? Simples... Depois de vestir a meia-calça, aplique nas pernas uma camada generosa de spray fixador de cabelos! Depois que você testar, nunca mais vai sair de casa com meia-calça sem usar esse truque. Ela não desfia por nada!

> **FAÇA A FIXAÇÃO DO SEU PERFUME DURAR MUITO MAIS**
> Conhece um produtinho chamado vaselina sólida? Você encontra em farmácias e é superbarato... Passe com os dedos um pouquinho da vaselina na região onde você costuma aplicar o perfume. Pronto! Pode aplicar o perfume normalmente por cima da vaselina, que o cheirinho intenso e maravilhoso vai durar por muuuitas horas.

BRINCOS PESADOS RASGAM A SUA ORELHA? AGORA NÃO MAIS!

Sempre que for usar brincões, antes de colocá-los você pode colar um pedacinho de esparadrapo cor da pele na frente e atrás do lóbulo da orelha. Ele ajuda a segurar o brinco, e sua orelha fica intacta.

SEM FRIZZ NOS CABELOS

Vou te passar o truque máster para aqueles dias em que seus fios parecem ter vida própria. (Sim... isso acontece muito, não é, miga?!) Passe um jato de spray fixador na sua escova de cabelo e então escove esses fios que tanto te incomodam. Prontinho, eles vão ficar baixinhos e sem frizz nenhum!

CHULÉ NA SAPATILHA? ISSO É COISA DO PASSADO!

Ah, nem vem, porque toda mulher tem uma sapatilha chulezenta (no estilo "corta o pé que tá podre"), kkk. Certeza que você tem uma! Mas, depois desta dica, pode esquecer esse problema! Pegue uma meia velha, encha a ponta dela com bicarbonato de sódio, coloque-a dentro da sua sapatilha e então deixe agindo por 24 horas. Pronto, o fedor vai todo embora.

VERGONHA DE FAZER O NÚMERO 2 NO BANHEIRO DOS OUTROS?

Quem nunca travou ao imaginar o constrangimento de odores indesejáveis em banheiros que não são o da sua casa? Kkk. Pois é, é real, e tem várias amigas que travam mesmo! Mas aqui vai uma dica pra você carregar pra vida e não sofrer mais com isso: leve sempre uma caixinha de fósforo na bolsa. Após utilizar o banheiro, risque um fósforo no local! Não sei explicar, mas essa "alquimia" faz qualquer odor ir embora na mesma hora. Dica antiga que veio da minha vó e funciona muito. Testa aí!

CHEGA DE MAU CHEIRO NA ROUPA

Foi pegar aquela blusinha que havia meses não usava e, quando vestiu, sentiu que estava com "cheiro de armário"? Pegue uma sacolinha plástica, coloque a roupa dentro e em seguida deixe no congelador por 15 minutos. Espantosamente, o odor desaparece, e você pode usar a roupa tranquilamente.

BATOM NO DENTE

Micão é sair de casa com aquele batom escuro maravigold, sorrir a noite inteira (se achando a "tombayane" Beyoncé) e, ao voltar pra casa, ver que em todas as fotos você saiu com os dentes meeeeega manchados de batom. Agora você já tem o truque, miga: após passar um batom escuro, coloque um dos dedos dentro da sua boca, feche-a e traga o dedo para fora. Dessa maneira você tira todo o excesso de batom da parte interior dos lábios e não correrá riscos de manchar os dentes. ☺

SEGREDO PARA PERNAS GROSSINHAS

Sabe quando você caminha demais e as pernas assam de tanto uma roçar na outra? Passa amido de milho entre elas, miga! *Amido de milho, Dedessa?! Tá doida?* Não estou doida, não. Esse é meu truque mais íntimo... O amido não deixa as pernas roçarem e as protege o dia todo (diferente do talco, que sai com o suor). É legal passar antes de se vestir, para não manchar a roupa. #ficaadica.

SUA PINÇA JÁ ESTÁ VELHINHA E NÃO TIRA MAIS PELOS COMO ANTES?

Pegue uma lixa de unhas e esfregue-a na pontinha da pinça. Repita o movimento várias vezes, e sua pinça ficará novinha em folha!

DANDO UM *UP* NO BRONZEADO

Sabe aquele pó novo que você comprou, mas ficou escuro demais para o tom da sua pele? Quebre-o até virar pó (literalmente) e misture com um pouco de hidratante. Vale até misturar um pouquinho de sombra iluminadora para os olhos, daquelas com brilho. Essa misturinha fica incrível para aplicar nas pernas e dar aquele ar de verão, deixando a pele com um tom lindo e superiluminada.

ENJOOU DAS SUAS CORES DE BATOM OU QUER UMA COR NOVA E ESTÁ SEM GRANA?

Fácil, fácil... Pegue seus batons velhos, retire totalmente da embalagem, derreta por 20 segundos no micro-ondas, faça as misturas que achar que vão ficar legais e crie novas cores! Depois, é só esperar secar e colocar o novo batom em uma embalagem com tampinha. Caso queira um tom específico, pode adicionar sombra para olhos na misturinha também. Use a imaginação, miga!

DEMAQUILANTE CASEIRO

Em um recipiente, coloque $\frac{1}{3}$ de xampu infantil, $\frac{1}{3}$ de azeite de oliva e $\frac{1}{3}$ de água. Seu demaquilante está pronto! Esta receitinha é superindicada por vários dermatologistas e é daquelas que, depois que a gente aprende, não desgruda mais. É maravilhosa até para retirar *makes* à prova d'água.

ESMALTE NAS UNHAS POR MUITO MAIS TEMPO

Sempre antes de pintar as unhas, umedeça um algodão com vinagre de maçã e passe em cima delas. Deixe secar e logo em seguida passe o esmalte. Você vai perceber que vai demorar muito mais tempo para ele descascar, e a cor fixa que é uma maravilha!

SEM MANCHAS, OLHEIRAS, CELULITES E ESTRIAS!

Você leu a dica sobre como retirar manchas da pele com borra de café? Então, miga, aproveite que vai aplicar a borra no rosto e passe no corpo todo, principalmente nas regiões onde as celulites e estrias te incomodam. Lembra que eu disse que a borra contém óleo com vários princípios ativos? Alguns deles são hidratantes e vão auxiliar no tratamento das estrias. E a cafeína, que também é um princípio ativo, vai ajudar máster na celulite! Cola na borra que é sucesso, miga!

TIRAR SOBRANCELHA SEM DOR!

Você é daquelas que sofre horrores quando tira a sobrancelha? Migaaa, sua loka, agora esse terror vai acabar! Deixe para tirar seus fios em excesso sempre depois do banho. Como os poros ficam mais abertos, a dor nessa hora é muuuito menor, e você vai se sentir bem mais tranquila e livre da tensão.

CUIDADOS COM A DERMATITE

Sobrancelha, cantinho do nariz ou o rosto todo descamando? O segredo para resolver isso é soro fisiológico! É um santo remédio contra dermatite. É só aplicar por todo o rosto ou apenas na região da descamação e deixar secar naturalmente. Repita várias vezes ao dia, e você rapidamente verá a dermatite ir embora.

S.O.S. HERPES!

Ficou nervosa, a imunidade baixou e... *pá*! Brotou a bendita herpes nos lábios? Assim que perceber que ela está chegando, aplique em cima uma pastinha de argila verde + soro fisiológico e deixe agir por uma hora. Essa mistura evita que as bolhas estourem e que apareçam aquelas feridinhas que demoram para cicatrizar. Caso a herpes já tenha estourado, use a misturinha mesmo assim, que as feridinhas secarão muito mais rápido.

ODOR FORTE NAS AXILAS?!

Uma superdica é usar leite de magnésia no lugar do seu amado desodorante. Vai segurar o odiado cecê por muitas horas a mais! #ficaadica

LEVOU UM TORRÃO DO SOL?

Amiga, você é daquelas que fica horas tomando sol, estilo lagartixa, e nunca se protege com filtro solar?! Claro que eu vou te dar um puxão de orelha e dizer que, desse jeito, o envelhecimento precoce vai começar rapidinho e os riscos de um câncer de pele são enormes. Mas, se algum dia desses você levar um torrão... grude no soro fisiológico também! É um dos melhores produtos pós-sol que existe! Aplique-o em toda a região afetada e deixe secar naturalmente, repetindo o procedimento várias vezes. A vermelhidão vai diminuir bastante!

Agora eu vou compartilhar com você a **maior dica** da minha *Vida!*

Por favor, preste muita atenção! Esta dica fez total diferença no meu dia a dia, e, se você seguir o passo a passo completo, aplicando o procedimento diariamente, tenho certeza de que ela vai fazer a diferença na sua vida também!

A minha dica é: SE AME ACIMA DE TUDO!

Você vai precisar de:

- autoestima

Passo a passo

O dicionário diz que autoestima é a qualidade de quem se valoriza, se contenta com seu modo de ser e demonstra, consequentemente, confiança em seus atos e julgamentos.

É realmente admirável conhecer pessoas que têm esse poder de se amar e não se importar com a opinião dos outros. Mas a verdade é que, muitas vezes, uma celulite, alguns quilos a mais, estrias, manchas na pele ou até mesmo a falta de adequação aos padrões impostos pela sociedade nos fazem retrair e perder a confiança em nós mesmas.

Certo dia, pouco antes do BBB, uma professora minha na pós-graduação (que também é psicóloga) me fez a seguinte pergunta: "Quais são as pessoas que você mais admira?". Automaticamente pensei na minha mãe, na minha avó e em várias mulheres que respeito por terem sido exemplos de mulheres guerreiras, que me ensinaram tanto. Logo em seguida, ela fez uma segunda pergunta: "E como elas são fisicamente?". Confesso que nenhuma se encaixa nos padrões de beleza atuais, mas para mim elas são fantásticas. Foi então que comecei a reparar que a beleza está muito mais ligada às atitudes, à presença, à simpatia, à forma de agir do que simplesmente à "casca". Muito mais do que qualquer padrão estético, é a autoconfiança o que torna as pessoas muito mais atraentes e interessantes.

Essas perguntas mexeram de fato comigo. Aos poucos, fui percebendo que quanto mais segura eu demonstrava ser, quanto mais "nem aí" eu ficava diante dos comentários dos outros, mais eu era feliz! Sabe aquele botãozinho do "foda-se"? Então, ele fez total diferença na minha vida! Era horrível sair de casa, chegar em algum lugar e ver pessoas cochichando e olhando pra mim. Elas podiam até estar falando bem, mas na minha cabeça eu sempre achava que estavam falando mal, e minha vontade era de ir embora na mesma hora. Não existe um segredo único para melhorar nossa baixa autoestima, mas eu acredito que o melhor caminho é quando a gente consegue decidir algo que ninguém pode decidir por nós: ser FELIZ!

E, quando eu decidi que queria ser feliz, tudo melhorou! Então, pra você, minha amiga, que assiste a meus vídeos e pensa: "Nossa, a Dedessa é tão segura...". Nããão, miga, eu sou igual a você! Eu tenho grandes momentos de insegurança, mas decidi ser feliz. E o intuito deste livro é dar um chacoalhão em você que às vezes não se aceita.

"Eu tenho vergonha da minha mancha na pele!"

"Eu estou acima do peso!"

"Tenho muitas marcas de estria e celulite..."

"Meu cabelo é feio..."

PARA, MIGA! É claro que tem coisas que a gente consegue mudar com força de vontade e foco – é só seguir as diversas dicas que compartilhei aqui no livro e também lá no canal –, mas a mudança mais importante está dentro de você, e não fora: é o seu botão de "querer ser feliz". Porque, desculpa te informar, miga, mas ninguém vai fazer isso por você. Estou dizendo isso com todo o amor da minha alma, porque, do fundo do meu coração, eu quero te ver muuuito feliz! E sei que, a partir do momento em que você parar de ligar para o que pensam de você e se empoderar daquilo que você realmente é por dentro, vai haver uma transformação dentro de você.

Você é merecedora de coisas lindas, de vitória em sua vida, acredite!

Não se esqueça de que tudo o que emanamos para o universo retorna para nós. Então comece a pensar em tudo de bom que Deus programou para sua vida. Acredite!

Acredite sempre, mesmo diante do que qualquer pessoa diga sobre você!

Eu, você, seus familiares, amigos e até mesmo as mulheres que você não conhece somos todos iguais! Sim, miga, TODOS IGUAIS! Temos nossas qualidades, defeitos, coisas boas e ruins... simples assim. NINGUÉM É PERFEITO!

A única coisa que nos diferencia é a maneira como nos enxergamos. Se você tem vontade de mudar algo em você, vá lá e mude! Aprenda que não devemos ligar para o que os outros pensam. Eu digo e repito mil vezes: "Ninguém vai ser feliz no seu lugar!". Está a fim de cortar o cabelo? Pintar de azul? Usar aquela roupa que sempre teve vontade? Vai fundo, miga! Tem um mundo mágico fora da sua zona de conforto. É muito fácil querer e dizer que não tem coragem, por isso aproveite cada segundo deste presente que te foi dado: sua vida. Também existe um mundo de desculpas que você pode dar, mas a cada desculpa você está fechando a porta para uma oportunidade de conhecer novos horizontes e sensações. Quando você muda, e faz realmente tudo aquilo que tem vontade de fazer, é uma decisão libertadora. Isso se chama AMOR-PRÓPRIO! E eu espero que este livro de alguma maneira toque o seu coração e a ajude! Quero que você saiba que, mesmo separadas por uma telinha de computador ou celular, você tem uma amiga aqui que te deseja sempre coisas lindas e que espera que você seja muito realizada!

Agora é minha vez de perguntar:

"Quais são as pessoas que você mais admira?"

"E como elas são fisicamente?"

Que Deus te abençoe imensamente... Bora ser feliz?

Depoimentos de algumas seguidoras

> Eu conheci o canal através de uma amiga do trabalho, que me apresentou a dica da massagem modeladora com pimenta-negra. Resolvemos fazer o tratamento juntas e deu supercerto!
>
> Adoro a Dedessa e seu jeito animado, e todas as dicas que segui no canal funcionaram muito bem, além de terem me ajudado a lidar com minha baixa autoestima. Um dos vídeos, em que ela fala sobre os momentos difíceis da vida e que a gente não deve jamais perder a esperança, me ajudou muito a olhar pra mim mesma e ver que existe uma pessoa maravilhosa aqui dentro, que faz muitos sorrirem e se divertirem. A Dedessa me fez enxergar que eu não estava dando o devido valor a mim mesma.
>
> Perceber que eu não preciso me desprezar só porque alguém não gostou do meu corpo ou da minha aparência foi umas das coisas que a Dedessa ensinou a mim e com certeza a muitas outras mulheres. É por isso e por milhares de outros motivos que a Dedessa é maravilhosa, e muitas vezes sem saber ela ajuda pessoas que realmente precisam de um conselho ou de um chacoalhão pra conseguir sair da *bad* e se amar cada vez mais.

— Tainá Jaques Ribeiro

> Conheci o canal através das redes sociais e foi paixão à primeira dica! Não só por conta dos conteúdos, mas também pela forma como a Dedessa transmite todo o seu conhecimento: com todo o carinho e amor. É fácil perceber que ela ama o que faz. Eu sigo, aprovo e recomendo várias dicas. Adoro testar em mim e depois repassar pra quem ainda não conhece o canal. Fico muito feliz em poder ajudar quem eu gosto com dicas tão boas. A Dedessa é linda,

por dentro e por fora, gente como a gente, e é isso que faz toda a diferença. Ela não perde a essência, o brilho e a simpatia. É a amiga que muitas vezes nós não temos, e muitas das coisas que ela fala no canal acabam mudando nosso dia, nossa vida. Migaaaaaa, sua loka, obrigada por tudo!

— Thais Rodrigues

Sou tão fascinada pelo canal que aqui em casa eu sou a loka que só fala da Dedessa. Já convenci minha família toda a assistir aos vídeos. A Dedessa me fez enxergar em mim aquilo que eu nunca soube que existia. Depois que me separei do meu ex-marido, perdi a vontade de me arrumar, de cuidar de mim, pois, além de me sentir muito feia, minhas condições financeiras nunca foram as melhores. Mas um belo dia, procurando uma solução para estrias, encontrei o canal da Dedessa. Aquela menina de olhos azuis me encantou, me tratou como amiga sem nem saber que eu existia, me mostrou novos caminhos, novos jeitos de me cuidar, e assim se tornou uma grande amiga, aquele tipo de amiga de quem você sente saudade, mas nunca esteve perto, que te acalma com uma palavra, com um conselho e ainda de quebra te fala sobre fé com a maior simplicidade e encantamento do mundo.

Nunca achei que alguém através de um computador pudesse me mudar de tal maneira. Hoje sou uma nova Maria Lúcia, graças às Dicas da Dedessa.

— Maria Lúcia Aparecida

"Eu nunca fui de acompanhar canais no YouTube, até que conheci o canal Dicas da Dedessa através de um vídeo no Facebook e logo me apaixonei. Desde então sigo todas as dicas. O primeiro vídeo que vi falava sobre maquiagens baratinhas, e a simplicidade com que a Dedessa falava me impressionou. Hoje eu testo várias dicas que ela passa e todas sempre deram muito certo, principalmente as de hidratação para a pele.

Eu desejo que a Dedessa continue brilhando como uma estrela. O canal dela é incrível, e ela passa as dicas de forma super-realista e acessível a todos. Os vídeos de motivação me inspiram e tenho certeza que também atingem positivamente muitas outras pessoas. Tenho muito orgulho de fazer parte do bonde mais lindo do mundo: o Bonde da Dedessa!"

— Dalila Ferreira

"Já sofri muito preconceito por causa da minha aparência. Os garotos da minha escola sempre me acharam feia, ninguém nunca olhava pra mim. Cresci convivendo com isso, com brincadeiras, apelidos e ofensas, mas em uma das vezes em que me tranquei no quarto e peguei o celular, acabei encontrando o canal da Dedessa. Assisti a um vídeo sobre motivação e autoestima que me ajudou, me fez olhar pra frente e querer tentar pensar diferente, me enxergar diferente. Eu amo a ligação que a Andressa demonstra ter com Deus, e hoje posso dizer que aprendi a ser mais próxima Dele por causa dela. É muito bom encontrar pessoas que não desistem do que querem. É muito bom ver que a Dedessa é de verdade, ela é como eu, é como você, é como a gente. Sofremos com a TPM, com as espinhas, com a celulite e com as inimigas, kkk. É sempre uma diversão assistir aos vídeos do canal, já perdi as contas de quantas vezes eu estava num dia ruim, o celular apitou e era notificação de vídeo do canal, e automaticamente sorri. Serei eternamente grata a essa miga loka.

— Júlia Barzon

Acreditar! Essa é a palavra que pode designar tudo que aconteceu. Eu vi a ex-BBB Andressa Ganacin se transformar aos poucos na Dedessa, essa garota louquinha que hoje atrai milhares de seguidores diariamente. Eu acreditei fielmente nela, muitas vezes mais do que ela mesma. Me juntei a ela nessa jornada, passei e passo noites e horas editando os vídeos do canal, e são nessas horas que eu percebo que o destino se encarregou de cruzar nossos caminhos, eu exercendo minha profissão de editora de vídeos e a Dedessa passando receitas de beleza com o seu talento e carisma indescritível. É muito bom olhar pra trás, visualizar tudo aquilo pelo que já passamos e perceber que valeu muito a pena – apesar de saber que a mão sempre vai tremer e o coração vai disparar todas as vezes que o contador girar e marcar mais um inscrito no canal. E sabe qual é a parte mais legal disso tudo? É olhar para minha amiga Andressa e enxergar muito mais do que as lentes das câmeras – ou as páginas deste livro – já puderam mostrar. Mesmo conhecendo todos os seus medos e fraquezas, ainda assim enxergo dentro dela uma luz que arde incansavelmente pela fé. Andressa, Dedessa, Dessa, Andressa Ganacin, a loka dos chás e das receitinhas naturais, a líder do bonde mais poderoso deste Brasil. Gravem esses nomes, pois eles ainda irão marcar muitos corações.

— Priscila Fonseca

Quero dizer que eu amo o canal da Dedessa. Lembro como se fosse hoje, eu triste, com depressão pós-parto, por não aceitar as mudanças que tive em meu corpo. Vivia me lamentando pelos cantos até que resolvi mexer no YouTube e ver algumas receitinhas caseiras pra começar a melhorar a aparência. Foi quando me deparei com as Dicas da Dedessa. Foi amor à primeira vista. A Dedessa estava sempre com aquele alto-astral maravilhoso, explicando receitinhas, dando conselhos e principalmente incentivando a gente a se cuidar. Fiquei encantada! Foi quando comecei a seguir feito louca todas as redes sociais dela. Hoje, assisto a todos os vídeos. Já segui vários conselhos, como a lipo manual, a borra de café no rosto, a esfoliação no pé com açúcar, entre muitas outras dicas... A Dedessa acabou sendo meu antidepressivo. Depois de seguir seu canal, comecei a levantar mais animada da cama, com vontade de fazer e acontecer, em vez de ficar jogada chorando o leite derramado. Quero agradecer de todo o meu coração por sempre compartilhar dicas maravilhosas, por ser assim tão de bem com a vida e passar essa energia maravilhosa. Amo demais esse canal.

— Daiane Rosa Leoni Tofanello

Se me pedissem para definir a Andressa em uma única palavra, sem dúvida eu diria: FÉ! Foi essa fé que a guiou tanto na vida pessoal quanto em toda a trajetória do canal do YouTube – porque, como ela mesma diz, 'Deus não coloca um sonho no seu coração se você não for capaz de realizá-lo'. Ela não parou no primeiro 'não' recebido, lutou contra as dificuldades encontradas pelo caminho, fraquejou em alguns momentos, mas se reergueu na força de sua fé. Ela aprendeu com os obstáculos, sorriu e se emocionou com as conquistas alcançadas.

Para ela, cada inscrito no canal é um amigo, e em cada vídeo ela coloca mais do que o seu conhecimento, transmite toda a simplicidade do seu coração, a qual pode ser sentida do outro lado da tela por quem assiste.

Em cada passo desse caminho percorrido ela deixou um aprendizado não só em relação a mudanças estéticas, mas também em relação à valorização interior de seus amigos e seguidores.

Sinto um orgulho imenso da garra e da persistência da Dedessa e tenho absoluta certeza de que ela chegou aonde está hoje porque tudo aconteceu no momento certo. Sei que ela vai continuar crescendo, encantando e cativando a todos em tudo o que se propuser a realizar.

— Bianca Cristina da Silva Barreiro

Me pergunto como e quando começou nossa amizade... Me intrigo, me questiono e chego a uma conclusão: foi doido, muito doido, porém tenho certeza de que foi um encontro de Deus em almas... E olha aonde chegou a 'menina dos olhos azuis', como minha mãe a chama até hoje! Ela me ensina e me dá lições de vida, fé e perseverança.

Mas, enfim, quem é Andressa Ganacin para mim?

A menina que cresceu e virou mulher, que diante de meus olhos, num programa de TV, se mostrava como um grande instrumento de Deus. A menina que nestes quatro anos sempre me mostrou o quanto acredita que só o amor vence as dificuldades e ultrapassa as barreiras mais difíceis da vida. Aquela que não gosta de mentiras, que olha nos nossos olhos e acredita que com amor e fé um ser humano fortalece o outro e dá ânimo para vencer a tristeza. A menina que erra bastante, que tantas vezes caiu, mas que sempre se fortaleceu a cada queda (como vimos eu e a Bianca Barreiro, nosso outro $\frac{1}{3}$), que nunca desistiu de seus ideais nem de seus sonhos... E estes por tantas vezes se tornaram nossos sonhos também. Vê-la conquistar cada degrau nos fez e ainda faz tão bem!

Não olhe para a linda aparência da Dedessa e tire conclusões precipitadas, pois só quem esteve ao seu lado, como eu, Bianca e vários amigos do peito, sabe tudo que foi até agora! E como é lindo ver seu sucesso e realização chegando! A vida é cheia de barreiras para aprendermos a ultrapassar, e o maior ensinamento que esta minha amiga dos olhos azuis me deu é o caminho que ela está construindo pela estrada da vida, o que a torna muito mais forte, e também a mim. Ao me lembrar de cada mensagem trocada, de cada lágrima derramada, percebo que a história da Dedessa é um dos mais lindos contos de fadas da vida real, do qual tenho a honra de fazer parte! Ah... e não importa quando ou como começou nossa história, o importante é ter certeza de que o encanto não acaba à meia-noite! Pois o nosso conto de fadas é real e para sempre!

Dedessa, sua história ainda iluminará e inspirará muito não só a minha vida, mas com certeza a vida de muitas outras pessoas! Obrigada por me deixar entrar e fazer parte de toda a sua trajetória!

— Patrícia Fernandes Rodrigues

" Não sou de muitas palavras, mas não poderia deixar passar esse momento tão especial que a Dedessa está vivendo. Nós nos conhecemos de uma maneira um tanto estranha: fui apresentada a ela pela televisão, kkk. Me emocionei quando a vi na telinha pela primeira vez. Mas nunca poderia imaginar que um dia ia conhecê-la e que nos tornaríamos grandes amigas. Hoje a vejo de outra forma – sabe aquela amizade construída aos poucos, com confiança e companheirismo vindos de ambas as partes? Fomos passando por momentos bons e não tão bons, mas sempre juntas, nos fortalecendo cada dia mais. Hoje a vejo realizando um projeto tão sonhado: seu livro. Estou imensamente feliz por ela, e tenho certeza de que com sua garra logo vai realizar outros projetos. Ela sabe que estarei aqui sempre torcendo e a apoiando. Minha pequena e grande amiga de todas as horas. Beijos da sua mãe do Rio de Janeiro! "

— Rita Cantero